TUNISIE

LA KHROUMIRIE

ET SA COLONISATION

PAR

LE DOCTEUR HENRI GUÉRARD

MÉDECIN-MAJOR DE 2e CLASSE A L'HÔPITAL MILITAIRE D'AÏN-DRAHAM

ET

ÉMILE BOUTINEAU

PHARMACIEN AIDE-MAJOR DE 1re CLASSE A L'HÔPITAL MILITAIRE D'AÏN-DRAHAM

Lauréat de la Société des Agriculteurs de France, 1889, et de la Société Centrale d'Agriculture de France, 1890.

PARIS

AUGUSTIN CHALLAMEL
ÉDITEUR
LIBRAIRIE COLONIALE
5, rue Jacob, et rue Furstemberg, 2

LECÈNE, OUDIN ET Cie
ÉDITEURS
17, rue Bonaparte, 17

1892

LA KHROUMIRIE

ET SA COLONISATION

POITIERS. — TYPOGRAPHIE OUDIN ET Cie.

+.+.+.+. Frontière algérienne.

- - - - - - Limites de la Khroumirie proprement dite.

═══════ Routes carrossables.

TUNISIE

LA KHROUMIRIE

ET SA COLONISATION

PAR

LE DOCTEUR HENRI GUÉRARD

MÉDECIN-MAJOR DE 2e CLASSE A L'HÔPITAL MILITAIRE D'AÏN-DRAHAM

ET

ÉMILE BOUTINEAU

PHARMACIEN AIDE-MAJOR DE 1re CLASSE A L'HÔPITAL MILITAIRE D'AÏN-DRAHAM

Lauréat de la Société des Agriculteurs de France, 1889, et de la Société Centrale d'Agriculture de France, 1890.

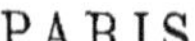

PARIS

AUGUSTIN CHALLAMEL
ÉDITEUR
LIBRAIRIE COLONIALE
5, Rue Jacob et rue Furstemberg, 2

LECÈNE, OUDIN ET Cie
ÉDITEURS
17, rue Bonaparte.

1892

INTRODUCTION

Notre intention, en écrivant ce petit ouvrage, n'est pas de faire une description scientifique ni une histoire complète de la Khroumirie.

Notre cadre est plus modeste.

Donner une idée exacte de la Khroumirie et de ses habitants, faire connaître toutes les ressources qu'elle peut offrir à la colonisation : tel est notre but.

Nous plaçant à un point de vue pratique, nous n'avons eu recours aux enseignements du laboratoire, aux lumières de la science agricole moderne, que pour en tirer des applications réellement utiles.

En tout, nous nous sommes attachés à ne donner que des renseignements vérifiés par nous. En ce qui concerne l'agriculture notamment, nous avons simplement exposé le résultat de nos essais personnels ou ceux que quelques indigènes ont tentés, à notre instigation et sous notre surveillance.

En un mot, faire profiter les futurs colons de l'expérience que nous a acquise un séjour de trois années à Aïn-Draham, centre de la Khroumirie, leur éviter en partie les tâtonnements du début : tel est l'esprit dans lequel a été conçu cet ouvrage.

Si nous nous étions simplement rapprochés du but à atteindre, nous nous estimerions très heureux d'avoir ainsi mérité, en partie, le bienveillant appui qu'ont trouvé nos travaux auprès des généraux qui ont commandé la brigade d'occupation de Tunisie et auprès de l'autorité civile supérieure.

LA KHROUMIRIE

ET SA COLONISATION

PREMIÈRE PARTIE

DE LA KHROUMIRIE PROPREMENT DITE EN GÉNÉRAL

TOPOGRAPHIE — HYDROGRAPHIE — GÉOLOGIE

I. Topographie. — La Khroumirie proprement dite ne forme pas une région très étendue ; c'est un pays montagneux et boisé occupant, en grande partie, un massif distinct produit par le soulèvement de l'Atlas. On peut lui assigner très exactement les limites suivantes :

Au nord : le rivage de la mer Méditerranée, depuis la frontière algérienne jusqu'au territoire de la tribu des Mekna, situé un peu au delà de l'embouchure de l'Oued-Kébir, cours d'eau traversant la plaine de Tabarka.

Au sud : la vallée de l'Oued-Ghezalla (près de Fernana), dans sa portion comprise entre la tribu des Chiaia et celle des Beni-Mazen.

A l'est : (à partir du rivage de la mer) la tribu des Mekna, puis celle des Chiaia. (Les Mekna dépendent du poste d'Aïn-Draham, les Chiaia relèvent du contrôle de Béja.)

A l'ouest : la frontière algérienne, depuis le bord de la mer jusque près de Bordj-el-Hammam, et, de ce point à la vallée de l'Oued-Ghezalla, la tribu des Beni-Mazen.

La portion de terrain ainsi délimitée constitue la Khroumirie proprement dite, et forme une sorte de rectangle irrégulier constitué par un massif montagneux que borne au sud la vallée de l'Oued-Ghezalla et qui se bifurque au nord pour circonscrire jusqu'à la mer une plaine triangulaire nommée plaine de Tabarka, arrosée par l'Oued-Kébir. Ses limites de l'est et de l'ouest sont moins nettes et sont constituées topographiquement par une succession de vallées et de crêtes montagneuses assez irrégulières.

Le point central du massif khroumirien est à peu près le Djebel-Bir, qui en est aussi le point le plus élevé et qui envoie ses ramifications dans toutes les directions. Ainsi considérée, la Khroumirie proprement dite aurait, à vol d'oiseau, une longueur nord-sud de 35 à 40 kilomètres, sur une largeur est-ouest de 25 kilomètres environ. Sa superficie est de 900 kilomètres carrés approximativement.

Tout le territoire des Khroumirs est, à part la plaine de Tabarka, très broussailleux, boisé et constitué par des montagnes très rapprochées, séparées par des vallées étroites et profondes, ce qui rend d'une manière générale le pays excessivement difficile. Les plaines y sont rares et surtout très peu étendues, et si quelques vallées s'élargissent en certains endroits, ce n'est jamais sur un long parcours, et bientôt elles sont de nouveau encaissées par des versants abrupts. La seule plaine qui mérite ce nom est en Khroumirie la plaine de Tabarka ; elle a la forme d'un triangle dont la base, formée par le rivage de la mer, aurait 5 kilomètres et la hauteur 8 kilomètres environ. Elle est constituée par l'écartement de deux arêtes montagneuses, qui se prolongent jusqu'à la mer, où elles tombent presque à pic. Il existe encore au sommet des montagnes quelques plateaux dénudés en général de végétation, mais très peu étendus pour la plupart.

Les montagnes constituant la Khroumirie se rattachent toutes au Djebel-Bir d'une façon plus ou moins régulière. De cet endroit qui est le point culminant du pays (1,050 mètres), elles vont en s'abaissant par une suite de hauteurs de moins en moins élevées vers la mer d'une part, et d'autre part vers la vallée de l'Oued-

Ghezalla. Le Djebel-Bir et l'éperon qui s'en détache dans la direction du nord-ouest pour rejoindre la montagne parallèle du Djebel-Fersig, constituent en quelque sorte la ligne la plus élevée du partage des eaux de la Khroumirie, séparant le bassin Méditerranéen de l'Oued-Kébir, qui arrose la plaine de Tabarka, de la vallée de l'Oued-Mlila. Plus loin, entre Aïn-Draham et Fernana, une autre crête montagneuse sépare la vallée de l'Oued-Mlila de celle de l'Oued-Ghezalla, dépendant lui-même du bassin de la Medjerdah. La presque totalité de ces montagnes est entièrement boisée, à peu d'exceptions près ; et, là où les forêts de chênes liège et de chênes zeen font défaut, elles sont remplacées par une brousse plus ou moins épaisse, dont la hauteur diminue au fur et à mesure qu'on descend vers la plaine. Cette brousse n'est pas constituée partout de la même manière, et non seulement elle se trouve plus ou moins fourrée, mais les espèces qui la constituent, au lieu d'être uniformément mélangées, forment en quelque sorte des confins spéciaux, suivant l'exposition ou le terrain plus propices au développement de certains buissons ou arbrisseaux. Ainsi, tel versant d'une montagne sera entièrement couvert de bruyères blanches, et tel autre d'arbousiers ou de genêts épineux, etc... Dans la partie des montagnes qui avoisinent la mer et les grandes dunes, on trouve dans la brousse des plantes entièrement inconnues dans la haute montagne, tels que le palmier nain, le chêne kermès, etc... Nous reviendrons, du reste, sur ce sujet en parlant de la flore du pays.

L'aspect général de la région est sinon attrayant, du moins très pittoresque. Il y a de ce côté beaucoup d'analogie entre la Khroumirie et la petite Kabylie, avec cette différence toutefois que les villages kabyles sont très visibles et ôtent à la contrée ce cachet de solitude qui est la première impression produite lorsqu'on regarde les montagnes khroumires.

Les habitants ont en effet l'habitude de construire et de placer leurs tentes ou leurs gourbis d'une façon particulière, isolés les uns des autres et en quelque sorte dissimulés, de façon que le pays paraît désert et inhabité à perte de vue. Néanmoins ces montagnes sont véritablement belles, et leur aspect sauvage contribue à rendre, dans certains points surtout, cette beauté plus particulière et plus saisissante. Les forêts de chênes liège qui couvrent les sommets et les pentes donnent à la montagne une coloration d'un vert sombre presque noir qui vient heureusement çà et là interrompre et modifier les groupes importants d'énormes chênes zeen, dont le feuillage, d'un vert éclatant pendant la belle saison, devient en hiver d'un brun fauve, et contribue ainsi à apporter aux montagnes une diversité de teintes fort agréables à l'œil. Le centre de la Khroumirie étant le point le plus élevé de cette région, on peut voir depuis Aïn-Draham une suite de crêtes montagneuses se développer à perte de vue en s'étageant sur plusieurs plans dans toutes les directions, les unes couvertes de forêts ou de brousse, et les autres au loin complètement rocheuses, grisâtres, sans végétation et d'un aspect désolé. Dans la direction nord, la mer n'étant qu'à environ 18 kilomètres, à vol d'oiseau, les montagnes boisées s'écartent non loin d'Aïn-Draham comme deux hautes murailles, pour circonscrire jusqu'au rivage, où elles se terminent en dunes, la plaine triangulaire de Tabarka, couverte de champs d'orge, cultivée par les indigènes et arrosée par plusieurs cours d'eau dont les sinuosités semblent au printemps se dessiner de loin sur un véritable tapis de verdure. La beauté si pittoresque du pays est encore augmentée, pendant la belle saison, par l'aspect éclatant qu'offrent les genêts épineux fleurissant jaune d'or, qui couvrent, ainsi que les bruyères blanches, des pentes de montagnes entières, et les lauriers-roses dont les rives des plus petits cours d'eau sont complètement garnies. Ajoutons à cela les effets, parfois si merveilleux dans les montagnes, du lever et du coucher du soleil, et tous les jeux de la lumière rendus plus saisissants encore par la pureté particulière de l'atmosphère. Il faut convenir que, de ce côté, la Khroumirie, pendant la belle saison, peut tenter et retenir un artiste. Mais, en revanche, en hiver c'est tout autre chose, et le paysage n'est plus guère séduisant, car pendant de longs mois les brouillards, les pluies et la neige ne laissent que de rares éclaircies, pendant lesquelles les montagnes apparaissent sombres, humides et froides, et la plaine de Tabarka se présente comme un boueux marécage.

II. **Hydrographie.** — Le caractère des cours d'eau en Khroumirie est, en général, celui de torrents à régime excessivement variable, quelquefois complètement à sec et d'autres fois infranchissables après quelques heures de pluie, pour reprendre tout aussi rapidement leur premier état.

Cette disposition, du reste, résulte de la topographie même de la région. De plus, les sources sont fort nombreuses, à débit très variable, et quelques-unes disparaissent en été ; mais un grand nombre donnent de l'eau en abondance toute l'année. Presque partout, sur les flancs d'une montagne ou sur le plateau qui en constitue le sommet, où l'on voit une végétation herbacée, on est certain de trouver un terrain tellement infiltré de sources qu'il constitue en quelques endroits un véritable marécage.

Les principales rivières de la Khroumirie sont :

1° L'Oued-Tessala qui, prenant sa source au col d'Aïn-Draham sous le nom d'Aïn-Magoug, n'est à cet endroit qu'un torrent de quelques mètres de large descendant la pente abrupte de la montagne par une suite de cascades et se dirigeant dans la direction N. ; il reçoit, à quelques kilomètres d'Aïn-Draham, un autre torrent venant du ravin de Babouch et ensuite plusieurs autres affluents, avant d'arriver dans la plaine de Tabarka où il constitue l'Oued-el-Kébir, qui va se jeter dans la mer à 500 mètres du village de Tabarka par une large embouchure à barre sablonneuse mobile et s'obstruant facilement. L'Oued-Kébir, qui constitue le cours d'eau le plus important de la Khroumirie, traverse donc sous une direction S.-N. toute la plaine de Tabarka. C'est une véritable rivière aux berges escarpées, dont la longueur approximative est de 24 kilomètres, et qui n'est jamais complètement à sec, même dans les étés les plus chauds. En hiver, à la suite des pluies ou à la fonte des neiges, c'est un véritable fleuve atteignant en plaine jusqu'à 50 à 60 mètres de large, coulant à pleins bords, en emportant dans sa course furieuse d'énormes quartiers de berge écroulée et charriant des troncs d'arbres parfois considérables. En temps ordinaire, l'Oued-Kébir a de 10 à 20 mètres de large en plaine et de 40 à 50 près de son embouchure ; sa profondeur normale varie alors de 0 m. 10 à 1 m. 20. Son lit, rocailleux dans la première partie de son cours, devient vaseux vers l'embouchure. Ses eaux sont en général assez potables, malgré la présence d'une certaine quantité d'eau salée apportée par quelques sources ou ruisseaux affluents. Les rives de l'Oued-Kébir sont couvertes de buissons et d'arbres où dominent les frênes, trembles et quelques chênes et figuiers.

2° L'Oued-el-Lil, provenant du Djebel-Bir sous le nom d'Oued-Beji, n'est d'abord qu'un torrent. Il se dirige dans la direction

N.-S., puis S.-E., jusqu'à son confluent avec l'Oued-Ghezalla (non loin de Fernana). Ce torrent arrivant dans la vallée de Ben-Metir y reçoit un affluent venant du Redir-Tebaïnia, et il constitue alors une véritable rivière de 10 à 12 mètres de large, arrosant la vallée qui dans cet endroit est large et fertile. La rivière n'est, du reste, accessible que sur quelques kilomètres dans la vallée de Ben-Metir. Elle entre bientôt dans le Khanguet-el-Hammam, ravin presque à pic, à rives sauvages et abruptes ; alors son lit est très resserré, rocailleux et parsemé de blocs de pierre parfois énormes. L'eau de l'Oued-el-Lil est en général peu potable, étant donné la présence de sources salées nombreuses qui y affluent.

3° L'Oued-Mlila, qui arrose le pays occupé par les Khroumirs Sloul. Ce cours d'eau prend naissance par différentes sources au fond de la vallée que domine le col d'Aïn-Draham, où il forme un torrent sous le nom d'Oued-Liefcha. Son cours est très rapide, son lit rocailleux et ses berges plus ou moins élevées, parfois verticales ; il coule d'abord du N. au S., puis incline vers l'O. en se contournant au fond d'un ravin à parois abruptes, près du mamelon élevé où se trouve le marabout de Sidi-Abdallah. Le cours d'eau coule ensuite au fond d'un autre grand ravin appelé Khanguet-el-Meridj ; au sortir de ce ravin, il prend le nom d'Oued-Sloul et arrose alors une vallée pittoresque et assez fertile. Plus loin et après avoir reçu plusieurs affluents sans grande importance, mais dont quelques-uns sont salés , la rivière prend le nom d'Oued-Lerah, puis d'Oued-Melah, et ensuite d'Oued-Mlila en pénétrant sur le territoire algérien, aux environs de Rem-el-Souk.

III. **Géologie.** — Nous ne dirons que peu de mots sur la Khroumirie au point de vue géologique. Toute la partie du pays qui borde la mer, les plaines, les vallées et les dépressions qui existent entre les divers chaînons de la montagne, sont des terrains de formation quaternaire et représentés par des dunes et des terrains formés d'alluvions. Quant aux montagnes khroumires, elles sont de formation tertiaire éocène et constituées par des grès supranummulithiques. Ces grès formés de sable siliceux reliés par un ciment silico-argileux donnent un sol rocheux souvent profond et des terres froides où la culture n'est pas possible. C'est là que réussit surtout la grande végétation forestière. Les marnes sont cultivées au contraire et donnent des terres de labour très fertiles.

Les grès supranummulithiques sont infiltrés de sources nombreuses plus ou moins abondantes, qui se présentent partout où apparaît un affleurement marneux, et dont une partie seulement donne de l'eau pendant tout l'été.

La presque totalité de ces eaux est potable, fraîche et de bonne qualité, et beaucoup sont ferrugineuses ; quelques sources sont plus ou moins salées, mais en général elles sont rares. A part les sources dont l'eau est ferrugineuse, il y a fort peu de sources à eaux minérales, il n'y a guère qu'une source salée à trois kilomètres d'Aïn-Draham, l'Aïn-el-Melah dans la vallée des Atatfa : cette source est très froide et très chargée de principes salins, et deux groupes de sources thermales, celles des Khanguet-el-Hammam et de Bordj-el-Hammam. (Nous donnons plus loin l'analyse sommaire des eaux que l'on trouve en Khroumirie.)

Quant à la richesse minière de la Khroumirie, elle est encore fort peu connue. Il n'existe dans le pays aucune mine en exploitation. En tout cas, il est certain que le minerai de fer doit s'y trouver en de nombreux endroits. On signale encore un gisement de plomb argentifère assez riche aux environs de Tabarka, et un autre à Aïn-Draham même existerait, non loin du poste. Jusqu'à présent aucun travail sérieux de recherche n'a été fait.

Dans ce massif montagneux, on rencontre aussi çà et là de petits chaînons calcaires isolés pouvant donner de la chaux grasse de bonne qualité ; on trouve aussi du gypse donnant du plâtre apte aux constructions ordinaires.

Régime des eaux. — Nous verrons, à la climatologie, que la pluie tombe très souvent en Khroumirie et en grande quantité ; cette eau donne naissance, pendant la saison pluvieuse, à une infinité de petits torrents qui vont se déverser dans les oueds, et de là à la mer, dans la Medjerdah ou dans le lac d'Oum-Theboul (lac Tonga). En été, le débit de ces torrents est presque nul ; dans quelques-uns l'eau disparaît même complètement. Ces eaux sont rarement captées et utilisées pour la culture ; les indigènes trouvent plus commode et moins coûteux de ne pas s'en servir pour irriguer leurs champs pendant la période estivale ; ils ne se servent guère que de petites sources qui coulent sur le flanc des montagnes et qui sont à proximité de leurs douars et de leurs jardins. Ces petites sources sont très nombreuses et sont presque toutes potables ; quelques-unes sont thermales ou minérales.

1° Eaux potables. — Nous donnerons comme exemple d'eau potable les eaux des sources avoisinant les postes d'Aïn-Draham et de Tabarka, et qui servent à la population civile et militaire.

Nous ne donnerons que des analyses sommaires, ces eaux étant en général très pures. Les analyses ont été faites pendant les mois de juin, juillet et août, époques où il y a rarement des pluies. Dans toutes les analyses qui vont suivre, nous avons employé la méthode hydrotimétrique, et nous donnons les résultats pour un litre d'eau.

Fontaine de l'hôpital. — Cette source se trouve en forêt près du col des Vents, versant nord ; une conduite en fonte amène l'eau à l'hôpital militaire d'Aïn-Draham, après un parcours de deux kilomètres.

Température de l'eau.	18°
Température extérieure.	22°
Eau limpide, sans odeur ni saveur.	
Degré hydrotimétrique.	3°
Acide carbonique libre.	5 cc.
Chlorure de calcium.	Traces
Chlorure de magnésium.	0 gr. 018
Sulfates.	Néant
Matières organiques.	0 gr 02
Eau très pure.	

Source de l'abreuvoir, route de Souk-el-Arba.

Température de l'eau.	17°
Température extérieure.	19°
Eau limpide, sans odeur ni saveur.	
Degré hydrotimétrique.	4°
Acide carbonique libre.	5 cc.
Sulfate de chaux.	Traces
Chlorure de magnésium.	0 gr. 027
Matières organiques.	0 gr. 016
Eau très pure.	

Source du 18e *de Ligne.* — Même composition que la précédente. Cette source débite 105 litres à la minute et doit être prochainement captée pour être amenée dans le village d'Aïn-Draham.

Le groupe des sources situées à côté de celle du 18° se trouve sur le versant S.-O. du Djebel-Bir, à 2 kil. 500 d'Aïn-Draham ; toutes les sources réunies peuvent fournir un mètre cube d'eau à la minute ; elles sont toutes très pures, à part une ou deux qui sont ferrugineuses ; malheureusement quelques-unes sont trop basses pour pouvoir être amenées à Aïn-Draham.

Le service des ponts et chaussées a l'intention, cette année, d'en capter deux ou trois et de les amener au village, chose indispensable pour la troupe et les habitants, qui manquent d'eau pendant l'été. Le surplus des eaux pourrait être employé à faire tourner une turbine qui transmettrait sa force motrice à une scierie, laquelle serait très utile pour l'exploitation des nombreux chênes zeens qui se trouvent dans les environs ; ces sources conservent leur débit pendant tout l'été.

Presque toutes les eaux de sources provenant du Djebel-Bir et des montagnes avoisinantes sont bonnes, très potables, et possèdent presque toutes la même composition chimique ; parfois elles contiennent un peu trop de matières organiques, des animalcules, des infusoires, et très souvent des sangsues.

Eau de la conduite de Tabarka. — La source est située à 7 kil. 500 de Tabarka, à Bou-Terfez ; une grande partie est captée au moyen d'une conduite en fonte, suffisante pour débiter 400 litres d'eau à la minute à Tabarka ; elle sourd d'un sol formé de sable et de grès.

Température de l'eau à la sortie de la conduite.	15°
Température extérieure.	25°
Eau limpide, sans odeur ni saveur.	
Degré hydrotimétrique.	8°
Acide carbonique libre.	2 cc.
Carbonate de chaux.	0 gr. 0412
Chlorure de magnésium.	0 gr. 027
Chlorure de sodium.	0 gr. 012
Sulfates.	Faibles traces
Matières organiques.	0 gr. 02
Eau très bonne, très potable.	

2° Eaux thermales. — 1° *Eaux de Bordj-el-Hammam.* — Le groupe des sources de Bordj-el-Hammam est situé sur la frontière algérienne, à 18 kilomètres d'Aïn-Draham et à 3 kilomètres de Rem-el-Souk, près du bordj de la douane et de l'ancien bordj tunisien, à 100 mètres de l'Oued-Mlila, au pied d'un petit mamelon formé de calcaire à la base et de grès au sommet ; les sources paraissent sourdre du terrain calcaire. Ces eaux semblent avoir été très employées autrefois ; des ruines importantes suffisamment conservées montrent que les Romains avaient là un établissement thermal. Il serait, du reste, encore facile et peu coûteux d'utiliser ce qui reste et de faire une construction où les Européens pourraient trouver un peu de confortable. Les Arabes fréquentent beaucoup ce Hammam ; quelques Européens de la Calle et des environs y viennent également ; mais malheureusement on ne trouve aucune ressource locale : un simple café Maure sert d'hôtel et de restaurant, et c'est à peine si on peut y trouver un plat de couscous. Les sources sont au nombre de trois, peu espacées les unes des autres.

Aïn-Ouled-M'sel-Kebir. — Cette source est la principale, elle débite 50 litres d'eau à la minute ; elle est située en bas des ruines romaines au pied de la colline, sur le bord du chemin ; la température de l'eau est de 51°. L'eau est très limpide ; refroidie, elle n'a ni odeur ni saveur désagréables ; elle sort d'un rocher, puis se déverse dans un trou de deux mètres de long sur 1 m. 50 de large et de 0 m. 40 de profondeur ; des pierres romaines entourent cette espèce de piscine. Le tout est recouvert de branchages ; les Arabes n'emploient cette eau que pour laver leur linge. Sa composition est la suivante :

Acide carbonique.	0 121 cc.
Bicarbonate de chaux.	0 gr. 290
Bicarbonate de magnésie.	0 gr. 018
Bicarbonate de soude.	0 gr. 336
Chlorure de sodium.	0 gr. 440
Sulfate de soude.	0 gr. 012
Silice.	0 gr. 04
Matières organiques.	Traces

Les deux autres sources ont la même composition en bicarbonates, mais elles contiennent un peu d'hydrogène sulfuré.

2° *Source située au N.-O., la plus élevée — Aïn-Ouled-M'sel-Srir.*

— Eau limpide quand elle est reposée, petite odeur sulfureuse ; la source débite environ 25 litres à la minute.

Température	45 5
Soufre.	0 gr. 0013 ou 1 cc. d'hydrogène sulfuré.
Sulfures	Pas de traces.

C'est la seule source employée comme Hammam; elle est située au-dessus de la ruine romaine, à 40 mètres environ, et à une différence d'altitude de 10 à 12 mètres. La source n'est pas captée dans une piscine ; les Arabes et les Européens se baignent à l'endroit où l'eau sourd du sol dans un trou long de 3 mètres, large de 2 mètres et profond de 1 m. à 0 m. 60, recouvert d'un toit fait de branchages.

Dans cette espèce de piscine, l'eau est sale et trouble ; mais il serait très facile de l'aménager et de conduire ces eaux à l'ancien emplacement du Hammam romain.

3° *Source située à l'est.* — *Hammam-el-Kebrit.*

Elle débite 11 à 12 litres à la minute ; l'eau est limpide; odeur sulfureuse assez prononcée.

Température.	39° 5
Soufre.	0,0044
Hydrogène sulfuré.	3 cc. 5

Cette source n'est pas utilisée actuellement ; des restes de vieilles murailles indiquent cependant qu'elle a dû être employée autrefois. On peut aussi la capter et la conduire au Hammam romain; son eau est la moins chaude, mais la plus sulfureuse.

Eaux du Hammam des Gouaidia. — Deux sources forment ce petit groupe d'eaux thermales : l'une est chaude et l'autre tiède.

Source chaude. — L'eau sourd d'un fond de gravier, le débit est de 15 à 20 litres à la minute ; en hiver, elle est recouverte par les eaux de l'Oued-el-Lil ; refroidie, elle n'a pas de saveur et d'odeur désagréables ; elle est très limpide :

Température de l'eau.	70°
Degré hydrotimétrique.	18°
Acide carbonique.	3 cc.
Carbonate de chaux.	0 gr. 103
Chlorure de magnésium.	0 gr. 063

Sulfates.	Traces
Résidu sulfurique.	0 gr. 169

Les Arabes se servent de cette source pour prendre un bain de vapeur (il n'y a pas de piscine) ; ils mettent par-dessus la source des branchages, se couchent et étendent sur eux leurs burnous. Cette eau, à leur avis, semble guérir les maladies les plus réfractaires.

Source tiède. — Cette source jaillit également du lit de l'Oued-el-Lil, mais à un niveau un peu plus élevé et un peu plus sur la rive droite ; elle n'est immergée que pendant les grandes crues. Son débit est faible : 8 à 10 litres à la minute ; elle se déverse dans un trou profond de 0 m. 60, long de 1 m. 50 et large de 1 mètre.

L'eau est sale, légèrement lactescente ; odeur un peu sulfureuse ; conservée pendant plusieurs jours, elle perd son odeur d'œufs pourris.

Température.	46° 5
Degré hydrotimétrique.	17°
Acide carbonique libre.	2 cc.
Carbonate de chaux.	0 gr. 0927
Sulfate de magnésie.	0 gr. 036
Chlorure de sodium.	0 gr. 012
Résidu sulfurique.	0 gr. 191
Soufre.	0 gr. 000509
Acide sulfhydrique.	0 gr. 000541
Pas de sulfures.	

Les Arabes emploient souvent cette source pour guérir leurs douleurs rhumatismales.

3° Eaux minérales. — Les eaux minérales sont peu remarquables, on ne rencontre guère que des sources ferrugineuses de peu d'importance ou des sources salées.

Sources ferrugineuses. — Très nombreuses en Khroumirie, on en rencontre presque sur tous les massifs montagneux, mais elles ont généralement un petit débit.

Source ferrugineuse du camp d'Aïn-Draham. — Près du camp, le génie militaire a capté cette source qui sert à alimenter un lavoir de la troupe.

Eau limpide, sans odeur, d'une saveur atramentaire caractéristique, laissant des dépôts ocreux autour de la source; conservée en bouteille bouchée, cette eau abandonne des dépôts floconneux ocreux ; à l'air libre, la précipitation du fer se fait rapidement, par l'ébullition elle a lieu en totalité.

Température de l'eau.	15°
Température extérieure.	21°
Degré hydrotimétrique	9°
Acide carbonique libre.	10 cc.
Résidu sulfurique calciné.	0 gr. 14
Fer dosé à l'état métallique.	0 gr. 0095
Carbonate de chaux	Traces
Sulfate de chaux.	0 gr. 056
Chlorure de magnésium.	0 gr. 018
Chlorure de sodium.	0 gr. 015
Chlorure de potassium	Traces
Matières organiques.	0 gr. 034
Acide crénique.	0 gr. 00428

Le fer paraît être à l'état de crénate de fer. En résumé, eau ferrugineuse, de conservation difficile et qui ne peut être utilisée que sur place.

Sources salées. — Ces sources sont assez nombreuses du côté de la frontière algérienne et un peu en dehors de la Khroumirie; nous donnerons comme exemple l'analyse de la source de l'Oued-Grile, près de Fernana.

Densité.	1.113
Résidu à 150°.	195 gr.
Chlorure de sodium.	184 gr.
Chlorure de potassium.	2 gr.
Sulfate de soude.	6 gr. 085
Sulfate de chaux.	1 gr. 18
Bicarbonate de chaux.	0 gr. 40
Matières organiques.	Traces
Pertes.	1 gr. 335

En général, ces sources salées ne sont d'aucune utilité.

CLIMATOLOGIE.

Climatologie générale. — Nous étudierons plus loin les climatologies spéciales des deux régions constituant à ce point de vue la Khroumirie : la région élevée d'Aïn-Draham et la région basse de Tabarka. Les différences qui existent, en effet, entre la climatologie de ces deux points, ne permettent pas de comprendre, malgré son peu d'étendue relative, toute la Khroumirie dans une seule et même climatologie.

Tout ce qu'on peut dire à ce point de vue, c'est que le climat d'Aïn-Draham diffère du climat de Tabarka autant que du climat de presque tous les autres postes de la Tunisie, à l'exception peut-être de celui de Souk-el-Djemâa dont il se rapproche.

CLIMATOLOGIE D'AÏN-DRAHAM. — Grâce à sa situation avancée dans le nord de l'Afrique, à sa position élevée sur les montagnes (800 mètres d'altitude), à son voisinage de la mer, le poste d'Aïn-Draham jouit d'un climat très tempéré.

Température. — Pour une moyenne de six années (1885-86-87-88-89-90), la température moyenne de la journée a été, d'après nos observations et nos recherches, de 13°,85, la moyenne maxima de 18°,82, et la moyenne minima de 8°,87.

Température maxima. — Cette température (indiquée par le thermomètre maxima, installé à l'ombre sous une double toiture et suffisamment élevé pour être à l'abri des rayons terrestres) n'atteint pas un degré très élevé ; elle ne dépasse que très rarement le chiffre de 40° ; le tableau suivant donne les températures de 40° et au-dessus, observées dans la période de six années.

Année 1885	3 août	40° 4
	4 —	40°
	5 —	41° 2
	7 —	40° 6
	12 —	41° 6
— 1886	Néant (la température la plus élevée n'a pas dépassé 37°).	
— 1887	16 août	40°
	17 —	41°

Année	1888	7 juillet.	40° 4
		15 —	40° 2
—	1889	6 août	40°
		8 —	40°
		9 —	41° 4
		19 —	40°
—	1890	Néant (la température la plus élevée n'a pas dépassé 39°).	

Les températures élevées correspondent toujours aux périodes où soufflent les vents du « sud », le siroco notamment, et elles se produisent pendant l'été, aux mois de juillet et d'août, principalement dans la première quinzaine de ce dernier mois. D'après l'examen du tableau général A, on voit que le mois le plus chaud est celui d'août ; cependant très souvent à la fin de ce mois il se produit des orages et des brouillards qui amènent parfois la température maxima au-dessous de 20° ; le tableau suivant indique les jours où la température maxima est descendue au-dessous de 20° pendant le mois d'août.

Année	1885	Néant	
—	1886	19 août.	17°
		20 —	19° 5
—	1887	Néant.	
—	1888	20 août.	19° 8
		27 —	17° 4
		28 —	17° 8
		29 —	17° 4
—	1889	24 août.	18° 6
—	1890	Néant.	

En juillet, nous n'avons constaté qu'une seule température au-dessous de 20°, le 1er juillet 1889, à la suite d'une petite pluie de 4 millimètres d'eau. Presque toujours la température de la journée, même en hiver, s'est maintenue au-dessus de 0 ; dans cette période, nous n'avons trouvé que 2 journées à 0° ou au-dessous, le 10 janvier 1886 = 0° et le 11 janvier 1886 = — 1° ; dans l'hiver 1890-91, nous en comptons deux, le 18 janvier 1891 = — 2° et le 19 janvier = — 2°.

Température minima. — Les températures minima oscillent généralement en même temps que les températures maxima et ne forment pas d'écarts considérables entre elles ; les plus grands ne dépassent pas 15° à 16° ; ils sont généralement de 10 à 12 l'été et de 6 à 7 l'hiver. Les points extrêmes sont — 6° et

\+ 28°. Le tableau ci-dessous donne les températures minima constatées au-dessus de 25°.

Année	Date	Température
Année 1885	3 août.	26° 8
	4 — .	25° 6
	5 — .	26°
	6 — .	27°
	7 — .	27° 4
	12 — .	25° 8
— 1886	Néant.	
— 1887	17 juillet.	25°
	13 août.	26°
	14 — .	27° 5
	15 — .	26° 40
	16 — .	25°
— 1888	7 juillet.	26°
— 1889	11 juillet.	25° 4
	13 — .	25° 2
	16 — .	25° 6
	6 août.	25° 4
	7 — .	26° 8
	8 — .	25° 2
— 1890	10 août.	26° 7
	17 — .	25° 7
	19 — .	25°
	21 — .	25° 4
	22 — .	26° 8
	23 — .	26° 5

Les plus basses températures de l'année ont lieu pendant les mois de décembre, janvier, février et mars; généralement le mois le plus froid est celui de janvier (voir le tableau A).

Le thermomètre minima ne descend pas bien souvent au-dessous de zéro ; la glace est assez rare et ne persiste presque jamais toute la journée.

Exceptionnellement l'hiver 1890-91 nous a donné de la glace persistant pendant 5 à 6 jours consécutifs ; dans le mois de janvier 1891, le thermomètre est descendu jusqu'à — 5°, 8. Pendant la période 1885-90, le thermomètre minima n'a indiqué qu'une fois — 5°, le 11 janvier 1886. Entre — 3° et — 5° on ne compte que 21 journées ; ce sont :

Année	Date	Température
Année 1885	13 janvier.	3°
	11 décembre.	3°
	12 —	4° 6
	13 —	3° 6
	16 —	3°
	30 —	4°
— 1886	9 janvier.	3°
	10 —	3°
	11 —	5°
	12 —	3°
	13 —	3° 4
	19 —	4° 6
	20 —	3° 2
	5 février.	4°
	6 —	4°
	12 —	3° 4
— 1887	9 février.	3°
— 1888	Néant	
— 1889	16 février.	3°
	16 mars.	4°
— 1890	2 mars.	4°
	3 —	3°

Le mois le plus froid a été janvier 1886 ; on y a compté 19 températures à 0° ou au-dessous. Signalons, à propos de la température, sa variabilité parfois excessive non seulement d'un jour à l'autre, mais d'un moment à l'autre de la même journée. Ainsi parfois, après une journée très chaude et très belle, on voit, vers 3 ou 4 heures, le brouillard survenir et la température s'abaisser brusquement de plusieurs degrés.

Vents. — Deux vents se partagent l'année d'une façon régulière : le vent du N.-N.-E. l'été et le vent de S.-O. le reste de l'année. Durant le mois de mai à septembre, le vent de direction Nord domine. C'est la brise de mer, à l'exception des jours de siroco où le vent vient du sud. A partir du mois d'octobre, le vent souffle généralement de la direction S.-O., et passe à l'ouest et nord-ouest les jours de brouillard et de pluie. De la direction Est il ne souffle pour ainsi dire jamais. Quand le vent du sud donne l'été, il est un peu chaud, mais ne produit pas la sensation désagréable du siroco du sud de la Tunisie ; la température s'élève, le thermomètre arrive à marquer à l'ombre 40° et même 41° 6 ; il est également très sec, malgré le voisinage des forêts.

La violence du vent à Aïn-Draham est parfois considérable, surtout en hiver ; des arbres sont souvent arrachés, des toitures entières emportées ; les dégâts sont souvent très importants ; l'intensité est telle que, quelquefois, un homme vigoureux a peine à se tenir debout ; les vents les plus violents viennent de l'ouest et du nord-ouest et ont lieu en février, mars et avril.

Pression atmosphérique. — Les variations de la pression atmosphérique sont assez irrégulières ; cependant d'une manière générale on peut dire qu'elles sont en rapport avec la direction du vent et l'état hygrométrique de l'air.

Les dépressions barométriques ont lieu principalement par les vents O., S.-O., N., O.-S. ; les trois premiers, très fréquents l'hiver, soufflent parfois avec violence. Le vent du sud fait également baisser la colonne mercurielle ; c'est du reste un indice pour prédire le siroco ; ainsi, quand nous constatons une dépression barométrique notable, un grand écart entre le thermomètre sec et le thermomètre mouillé, un ciel bleu terne grisâtre, l'horizon sombre voilé, peu de vent dans la matinée, nous sommes à peu près certain d'avoir du siroco dans la journée.

Nous avons hausse barométique par les vents du N.-N.-E. et E. C'est principalement en été que nous avons les plus fortes pressions atmosphériques. La pluie influence peu le baromètre, il baisse très légèrement et même reste stationnaire. La moyenne annuelle de la hauteur barométrique à 0° est de 692, 57^{mm} pour une altitude de 805 mètres. Elle oscille entre 680 millimètres et 705 millimètres.

Humidité. — L'air est très humide à Aïn-Draham pendant l'hiver et la première moitié du printemps ; de novembre à fin avril, on constate très souvent des brouillards et de la pluie ; dans l'autre partie de l'année, l'air est assez sec, surtout en juillet et août.

La moyenne annuelle de l'humidité relative est de 73; elle oscille entre 13 et 100. L'humidité varie souvent d'un jour à un autre et parfois même dans la même journée; ainsi, par exemple, le matin le vent souffle de la direction Sud, le soir ce vent tourne, passe au nord-ouest et amène du brouillard qui sature l'atmosphère de vapeur d'eau.

Pluie. — La pluie est fréquente et abondante à Aïn-Draham;

c'est probablement le point de la Régence où il tombe le plus d'eau. La quantité d'eau tombée ou de neige réduite en eau est en moyenne de 1 m. 776, quantité énorme comparativement à celle qui tombe dans le sud, à Gabès par exemple, où elle n'est que de 0 m. 169. A Tunis, elle est de 0 m. 503.

Cette grande abondance de pluie tient probablement à la situation d'Aïn-Draham, altitude très élevée (805 mètres), à cheval sur le col, entre le Djebel-Fersig, 900 mètres d'altitude, et le Djebel-Bir, 1,050 mètres. Il pleut à Aïn-Draham presque toute l'année, excepté pendant les mois de juin, juillet, août et septembre; il y a pour ainsi dire absence totale de pluie du 15 juin au 25 août. C'est surtout en hiver qu'on voit les pluies fréquentes. (Voir le tableau A.)

Il n'est pas rare alors d'avoir de la pluie pendant 10, 12 et même 17 jours consécutifs, et elle est presque toujours accompagnée de brouillards, de vents violents et parfois de grêle ou de neige fondue. Certains jours, la quantité d'eau tombée a été considérable ; ainsi en 1890, au mois de mars, nous avons constaté : le

9 mars.	58	millimètres d'eau
10 —	145	—
11 —	32	—
Total. . . .	235	millimètres en 3 jours.

Comme indice probable de la pluie, nous pouvons dire : direction du vent S.-O.,-O.,-N.-O., stabilité ou légère dépression barométrique, légère différence entre les indications des thermomètres sec et mouillé, et apparition du brouillard.

Neige. — La neige tombe assez fréquemment, en moyenne 2 à 3 fois par an, en hiver du 15 décembre au 15 mars et sur une épaisseur de 10 à 15 centimètres ; mais, pendant l'hiver 1890-91, la quantité de neige tombée a été considérable (2 mèt. 10 cent.) dans les mois de janvier et février ; le tableau suivant indique ces quantités :

8 janvier 1891.	15	centimètres
14 — —	20	—
16 — —	20	—
18 — —	20	—
19 — —	5	—

20 janvier 1891.	30 centimètres
7 février 1891.	20 —
8 — —	10 —
15 — —	70 —
	2 m 10 centimètres

Cette neige n'est pas restée en totalité sur le sol pendant la période du 8 janvier à fin février, mais elle n'a pas fondu entièrement, et la terre en a été recouverte parfois sous une épaisseur de 75 à 80 centimètres. Ce qui rend aussi très insupportable cette grande quantité de neige, c'est que souvent elle tombe accompagnée de grands vents et d'orages. De 1888 à 1891, il y a eu deux orages de neige, pendant lesquels cette dernière est tombée en très grande quantité et sans une goutte de pluie ; dans ces circonstances, non seulement la neige était chassée par un vent du nord-ouest des plus violents, mais de plus l'électricité jouait un rôle considérable, car les éclats de la foudre et les éclairs se succédaient sans interruption. Il y a eu chaque fois chute de la foudre en plusieurs endroits.

Du reste, en général, les orages sont en Khroumirie bien plus fréquents en hiver qu'en été, et ils sont accompagnés presque toujours de pluie, de grêle ou de neige ; de plus, la foudre tombe fréquemment.

SAISONS. — *Hiver.* — Il résulte de ce qui précède que la période du froid serait la plus longue ; elle aurait lieu pendant les mois de décembre, janvier, février, mars; elle correspond bien à l'hiver (21 décembre au 21 mars), mais elle est un peu plus longue. Cette période est très dure à supporter; on voit souvent des brouillards épais, froids, accompagnés de grands vents, de pluie ou de neige ; cette dernière tombe 2 à 3 fois l'an et reste sur le sol sans fondre de 6 à 10 jours. La pluie tombe aussi en grande abondance, 1 m. 034, dont 0 m. 20 provenant de la neige fondue, soit 8 millimètres 51 d'eau par jour. La température alors est peu élevée, 6°91; le vent dominant vient de la direction ouest avec une intensité de 2, 5.

Printemps. — Le printemps a lieu pendant 3 mois : avril, mai, juin ; la température commence à être assez douce, 14°,90, les brouillards sont plus rares, surtout dans la dernière moitié; les pluies sont assez fréquentes et généralement suffisantes pour permettre aux récoltes de s'effectuer dans de bonnes conditions. Les vents dominants sont l'ouest et le sud-ouest pour la première moitié de la saison, et le nord pour la deuxième ; cette dernière partie du printemps est la plus douce et la plus agréable.

Eté. — L'été comprend les mois de juillet, août, septembre ; la température n'y est pas trop élevée; le moment de la journée le plus chaud se trouve dans l'après-midi, de 1 heure à 4 heures. La moyenne de la journée est de 23° ; le siroco s'y fait peu sentir, rarement le thermomètre maxima dépasse 40° ; les nuits sont fraîches et les fortes chaleurs ne durent guère que 3 à 4 semaines, soit en juillet, soit en août, généralement du 15 juillet au 15 août; les brouillards sont rares et la pluie n'apparaît que fin août, septembre ; la brise de mer souffle souvent et rend pendant l'été le séjour d'Aïn-Draham agréable.

Automne. — L'automne ne dure guère que deux mois, octobre et novembre ; la température commence à baisser, 12°42; les brouillards sont plus fréquents et la pluie assez abondante, 35 c. 46; mais peu de bourrasques; les vents sont de direction sud-ouest. Cette saison est assez agréable.

Conclusion. — Il résulte de l'énoncé ci-dessus que le climat d'Aïn-Draham est très tempéré ; il se rapproche beaucoup de celui de l'Ouest de la France, désagréable à habiter pendant les mois de novembre, décembre, janvier, février, mars, avril, où il est humide et froid, et très supportable pendant le reste de l'année, agréable même à la fin du printemps et dans l'été.

A. *Tableau résumant les observations météorologiques d'une période de six années (1885-90).*

MOIS.	Baromètre réduit à zéro.	Température à l'ombre, moyenne de la journée.			Humidité relative	Pluie ou neige.	Vent.		
	Moyenne de la journée.	Maxima.	Minima.	Moyenne.	Moyenne de la journée.	Moyenne par mois.	Direction.	Intensité.	
Janvier.	691.97	8.87	1.8	5.34	82	278^{mm}4	S.-O.	2	Altitude de l'observatoire, 805 mètres
Février.	690.81	10.36	2.53	6.45	86	242^{mm}	S.-O.	3	
Mars.	690.68	13.34	4.62	8.98	82	257^{mm}5	S.-O.-O.	2	
Avril.	689.62	16.19	5.14	10.67	79	218^{mm}7	S.-O.-O.	3	
Mai.	692.40	21.62	9.21	15.42	69	71^{mm}8	S.-O.	2	
Juin.	693.75	25.11	12.12	18.63	59	21^{mm}7	S.-O.	2	
Juillet.	694.50	29.68	17.52	23.60	53	6^{mm}8	N.-N.-E.	1	
Août.	694.61	30.19	18.52	24.36	53	54^{mm}2	N.-N.-E.	1	
Septembre.	694.19	26.50	15.57	21.04	69	42^{mm}2	S.-S.-O.	2	
Octobre.	693.38	19.51	9.63	14.05	77	158^{mm}2	S.-O.	2	
Novembre.	692.60	14.04	6.44	10.26	80	196^{mm}3	S.-O.-O.	2	
Décembre.	692.39	10.43	3.33	6.88	84	228^{mm}2	S.-O.-O.	2	

Climatologie de Tabarka. — Nous ne pouvons donner qu'un aperçu de la climatologie de Tabarka, n'ayant pu avoir tous les renseignements désirables, car il n'existe pas d'observatoire météorologique dans ce poste. Cependant nos camarades les officiers de zouaves ont bien voulu se mettre à notre disposition et nous ont donné quelques observations sur les températures maxima et minima à différents mois de l'année 1890-91.

Il résulte de ces observations que la température moyenne annuelle de Tabarka serait de 18°, soit 4° de plus qu'à Aïn-Draham ; le thermomètre maxima s'élève jusqu'à 46° les jours de siroco; la température la plus élevée de la journée a lieu de 9 heures à midi ; jamais dans la journée le thermomètre n'est descendu au-dessous de zéro.

La nuit, la température n'est jamais bien élevée; l'été, le thermomètre minima ne dépasse pas 27°, même les jours de siroco ; l'hiver, il ne descend pour ainsi dire jamais à zéro ; cependant en 1891 il a marqué une fois — 0°,5, le 19 janvier.

Ces quelques indications sont suffisantes pour nous montrer que la température est assez douce à Tabarka, agréable et facile à supporter, étant donné surtout le voisinage de la mer. Sur la pression barométrique et l'état hygrométrique nous ne pouvons donner de renseignements. La pluie est très fréquente aussi à Tabarka ; il tombe par année de 1 m. 20 à 1 m. 30 d'eau ; mais le brouillard y est rare et le vent moins violent que dans la montagne. La neige est presque inconnue ; cependant, l'année dernière, elle est tombée sur une épaisseur de 25 centimètres : elle est restée sur le sol toute une journée.

Les saisons ne sont pas les mêmes qu'à Aïn-Draham ; nous pouvons les classer de la manière suivante :

Hiver : décembre, janvier, février.
Printemps : mars, avril, mai.
Eté: juin, juillet, août, septembre.
Automne : octobre, novembre.

(Il est bien entendu que cette classification n'est faite qu'au point de vue de la température et de la végétation.) En général, la période végétative avance de 4 à 5 semaines sur Aïn-Draham.

Situation hygiénique d'Aïn-Draham. — Aïn-Draham est, par sa situation géographique et son climat, un des postes les plus favorisés de Tunisie au point de vue sanitaire. Par son altitude, il échappe d'une façon, absolue au moins pour la population sédentaire, à l'endémie palustre qu'on retrouve dans toutes les directions, dès qu'on descend dans la plaine (Fernana, Tabarka, Oum-Theboul). Depuis cinq ans, la fièvre typhoïde ne s'est signalée que par des cas sporadiques (maximum de juillet en octobre), sans jamais donner lieu à une poussée épidémique inquiétante.

La dysenterie, par contre (maximum de juin en septembre), y est plus fréquente que dans les autres postes du nord de la Régence, sans présenter toutefois ni la gravité ni la ténacité qui la caractérisent dans les postes du sud. La presque totalité des cas traités à l'hôpital ont été légers. Ne relevant, du reste, que d'une façon secondaire des conditions telluriques et météorologiques, ces deux dernières causes morbides ne peuvent que s'atténuer encore par une installation plus satisfaisante, jointe à une hygiène sévère du casernement. La durée moins longue, le maximum thermique moins élevé de la saison estivale créent sous ce rapport au poste d'Aïn-Draham une situation aussi avantageuse que celle des climats tempérés.

Quant aux maladies plus spéciales aux saisons froides ou de transition, elles n'offrent pas à Aïn-Draham de fréquence ou du moins de gravité spéciales, en dépit de la rigueur relativement plus grande et des écarts de la température qui caractérisent son climat.

L'hiver dernier, quoique exceptionnellement long et rigoureux pour la région, n'a amené à l'hôpital que 7 bronchites et 6 angines. Nous ne parlerons pas de la pleurésie (1 entrée à l'hôpital en 1 an), de la pneumonie (8 entrées en 8 ans), du rhumatisme articulaire aigu (6 entrées en 3 ans), qui ont été relativement rares ; du reste, le rôle très secondaire des influences météorologiques dans l'étiologie de ces affections est aujourd'hui un point de doctrine mieux établi. La population civile, tout entière européenne, très restreinte (232 habitants, dont 114 français), n'a été jusqu'ici en aucune façon une cause de contamination pour la garnison. Elle est très clairsemée, du reste, sans aucune cohésion, sans municipalité même instituée chargée d'assurer un service quelconque d'hygiène urbaine (approvisionnement d'eau, enlèvement des immondices, etc.).

Les cas isolés de maladies infectieuses constatés jusqu'ici

(fièvre typhoïde, dysenterie, etc.), ont toujours relevé de conditions locales (installation très sommaire de latrines, amas d'immondices, souillure de puits particuliers, etc.), qu'une hygiène mieux comprise, mieux outillée, ferait disparaître.

Quant à la malaria, elle est toujours importée (récidive ou effets retardés d'une infection antérieure contractée dans la plaine), et c'est à Aïn-Draham que les paludéens trouvent les conditions les plus avantageuses pour se guérir.

La syphilis, quelques cas de malaria, la variole forment le bilan de la morbidité indigène. On trouve la syphilis secondaire et tertiaire surtout, ainsi que des accidents très communs de syphilis constitutionnelle. On peut en juger par la clientèle venue de tous les points de la région qui se presse, les jours de marché, à la consultation du bureau des renseignements ; les accidents syphilitiques congénitaux ou acquis offrent une gravité et une fréquence inconnues non seulement dans nos milieux civilisés, mais encore dans les centres indigènes d'Algérie ou de Tunisie moins sédentaires, ayant vécu jusqu'à présent moins à l'écart et moins dépourvus de tous soins médicaux. Les mariages consanguins et le défaut de mélange de la race khroumire avec les Arabes voisins a contribué à développer encore le germe morbide de la syphilis.

La variole se voit quelquefois dans la population arabe, principalement dans la tribu des Mekna. Les indigènes pratiquent, eux aussi, la vaccine depuis un certain temps et de la manière suivante : ils se font une scarification sur la partie dorsale de la main, entre le premier et le deuxième métacarpien, et mettent là du pus de varioleux, de préférence d'enfants ; c'est là donc plutôt une inoculation qu'une vaccination de la variole. Toutefois il faut dire que actuellement la véritable vaccination est pratiquée sur les indigènes par un des médecins militaires d'Aïn-Draham. Les Khroumirs s'y prêtent, du reste, très volontiers.

D'après ce qui précède, il est évident que le séjour d'Aïn-Draham n'offre aucun des inconvénients existant dans les postes plus chauds du reste de la Tunisie (à l'exception de Souk-el-Djemmâa, qui ressemble beaucoup à Aïn-Draham) ; on s'y portera toujours bien, à la condition tout d'abord de n'avoir aucune prédisposition aux maladies de poitrine ou aux rhumatismes, et en second lieu si on a toujours soin d'avoir les habitations bien closes contre les intempéries et le froid, et d'avoir aussi des vêtements suffisamment chauds. Il faut surtout, quand on voyage, même en été, emporter de quoi pouvoir rapidement se changer et se vêtir plus chaudement, étant donnés les refroidissements considérables et si brusques de la température. Le séjour d'Aïn-Draham est surtout avantageux pendant l'été, où il convient en particulier aux personnes anémiées par un long séjour dans le sud ou intoxiquées par la fièvre paludéenne. Les convalescents de ces affections envoyés à Aïn-Draham s'y remettraient presque aussi rapidement qu'en France, en joignant, bien entendu, au séjour du poste les soins et le confortable nécessaires.

Situation hygiénique de Tabarka. — Tabarka est, par sa situation au sortir d'une riche plaine d'alluvions et au milieu de marais, un foyer d'endémie palustre. La population civile sédentaire est éprouvée par la fièvre. La garnison n'y échappe pas non plus (surtout d'août en janvier) ; les atteintes qu'elle subit sont cependant moins graves, en raison de son relèvement fréquent (tous les mois en été et tous les 2 mois en hiver) et de la situation de son casernement à 80 mètres de hauteur. Les cas d'accès pernicieux sont assez rares et causent parfois des décès. En janvier 1889, le poste a même dû, à la suite de plusieurs morts de ce genre survenues coup sur coup dans la garnison, être évacué ; il a été réoccupé en mai de la même année et n'a plus été évacué depuis.

Cet état de choses ne pourra évidemment cesser que par l'extension progressive des travaux de défrichement, de drainage et de culture de la plaine avoisinante, et aussi par la canalisation de l'embouchure des deux oueds.

La population civile se traite par la quinine à la dose de 1 gramme par jour, prise en moyenne tous les quatre jours et pendant presque toute l'année ; elle se sert aussi de diverses préparations de quinquina, et principalement de vin de quinquina. Ce traitement préventif à titre prophylactique a paru présenter, dans quelques cas, des effets très nets. La guérison définitive ne peut évidemment être demandée qu'au déplacement, et nous avons vu nombre d'habitants depuis longtemps intoxiqués et sur lesquels les médications les plus énergiques par la quinine ou l'arsenic ne produisaient plus aucun effet, se remettre en venant pendant quelques mois habiter Aïn-Draham. Il n'y a pas de saison spéciale pour la fièvre à Tabarka, elle y est endémique ; mais, par suite de la disposition particulière de l'Oued-Kébir, elle sévit plus même en hiver qu'en été, à cause des dispositions spéciales que présente ce fleuve, ainsi que l'Oued-Amor et les marais qu'ils forment près de leur embouchure.

POPULATION INDIGÈNE.

ORIGINE. — HISTORIQUE (1).

Le poste militaire d'Aïn-Draham, qui occupe le point culminant et en quelque sorte le centre de la Khroumirie, a sous sa direction toutes les tribus environnantes réunies en trois caïdats :

1° Le caïdat des Sloul et Atatfa ; 2° le caïdat des Beni-Mazen et Ghazouan, et 3° le caïdat des Khroumirs de Tabarka et des Mekna. Il résulte de cette disposition que le gouvernement militaire d'Aïn-Draham s'exerce non seulement sur les tribus khroumires, mais que les tribus voisines d'origine différente, telles que les Mekna et les Beni-Mazen, se trouvent réunies sous un même caïdat, avec certaines tribus provenant de la Khroumirie proprement dite.

Le territoire qui constitue celle-ci comprend actuellement trois grandes tribus khroumires, lesquelles se subdivisent elles-mêmes en un certain nombre de tribus plus petites :

1° La tribu des Khroumirs de Tabarka, subdivisée en trois tribus :

1° Ouled-Amor,
2° Ouled-ben-Saïd,
3° Houamdia.

2° La tribu des Khroumirs Sloul, subdivisée en cinq :

1° Khemaïria,
2° Ouled-Hellel,

(1) Nous remercions notre camarade, M. Saïd, interprète militaire, des renseignements qu'il a mis amicalement à notre disposition.

3° Ouled-ali-ben-Nasseur,
4° Osma-el-Sloul,
5° Ouled-Cedra.

3° La tribu des Khroumirs Atatfa, subdivisée en cinq :

1° Gouaïdia,
2° Homrane,
3° Debabsa,
4° Atatfa,
5° Tebaïnia et Rekhaïssia.

Ce sont ces tribus qui constituent la véritable population khroumire et qui seules peuplent le territoire dont nous avons indiqué plus haut les limites. Le chiffre de cette population s'élève à environ 5,500 âmes.

Avant l'expédition française de 1881, les fractions appelées Khroumires constituaient, avec quelques tribus indigènes voisines, une sorte de confédération, formée de peuplades d'origines diverses, mais se réunissant parce qu'elles avaient les mêmes intérêts à défendre. Cette confédération formait alors trois groupes distincts, appelés : 1° Khroumirs Tadémata, 2° Khroumirs Slélima, 3° Khroumirs Sloul.

Chacun de ces groupes comprenait un certain nombre de tribus. Après l'établissement du Protectorat, le pays fut réorganisé et la Khroumirie proprement dite divisée comme nous l'avons indiqué plus haut. L'ancienne Khroumirie, formée par la confédération dite des Khroumirs, était solide quand il s'agissait de défendre les mêmes intérêts, de lutter pour conserver leur indépendance ou de piller les tribus voisines ; mais, en toute autre circonstance, des divisions éclataient entre les divers groupes à la suite de dissentiments intérieurs ou d'intérêts opposés. Alors les fractions se groupaient entre elles, suivant leurs convenances et les besoins du moment, pour régler de cette manière leurs différends ; ces groupements étaient encore effectués sous l'influence des liens de parenté ou d'autres motifs particuliers.

L'origine exacte des Khroumirs est très obscure et difficile à établir d'une manière précise.

On peut cependant, après avoir considéré cette population dans ses mœurs, ses usages, sa langue et son type, conclure que les Khroumirs sont actuellement un mélange de sang arabe et de sang berbère, mais qu'ils vinrent comme musulmans occuper le pays. Plusieurs versions existent pour expliquer l'origine de cette peuplade.

1re *version.* — D'après un historien arabe nommé Khaldoun, les Khroumirs seraient les descendants d'un certain Khmir-ben-Amor, et seraient venus de l'Arabie sous la conduite de Fvikeche-ben-Gmis-ben-Sisi, lors de l'invasion arabe, au moment de la prise de Sufutula (Sbeitla, à 30 kilom. de Djemâa, sur la route de Gafsa à Kairouan, année 341 de l'hégire, 973 ap. J.-C.), gouvernée alors par le patrice Grégoire, représentant de l'empereur d'Orient, et qui profita de l'invasion musulmane pour se mettre en révolte contre son souverain, afin de se rendre indépendant. Un des descendants de Khmir-ben-Amor, nommé Sidi-Abdallah-ben-Djemmel, vint s'installer avec les siens près d'Aïn-Draham, et ses enfants formèrent la tribu des Khmirs ; on en a fait Khroumirs.

2e *version.* — Les Khroumirs racontent (et cette version se rapproche beaucoup de la précédente) que le fondateur de leur race était originaire d'une tribu de l'Irak (Arabie), appelé Houmir ou Khmir. Ce nom lui aurait été donné à la suite de l'extension rapide de cette tribu, une des significations du mot arabe Khmir étant en français : levain. Lors de l'apparition de Mahomet, cette tribu fut, paraît-il, une des premières à embrasser sa cause et à se lancer avec les autres peuples de l'Arabie à la conquête du nord de l'Afrique. Elle s'arrêta au Maroc, où elle s'établit à un endroit appelé Sequia-el-Hamra, sur le territoire de Fez. Plus tard, un membre de cette tribu nommé Abdallah-el-Khmir quitta ses frères et, se dirigeant vers l'est, vint avec sa famille s'établir dans la Khroumirie actuelle, au lieu dit Aïn-Smaïl, près du Djebel-Hamran, probablement à l'endroit où se voit maintenant le Marabout dit de Sidi-Abdallah. Quelque temps après, son fils aîné Amor le quitta à son tour pour aller se fixer à Tabarka.

Abdallah-el-Kmir aurait eu sept enfants mâles qui donnèrent naissance à diverses fractions des Khroumirs actuels, auxquels vinrent peu à peu se joindre des étrangers, qui contractèrent des unions avec les familles des descendants d'Abdallah.

3e *version.* — D'après cette version, les Khroumirs, primitivement installés dans le sud de la Régence, formaient la tribu Maghzen au service des Chabia, grande confédération religieuse, qui fut, dit-on, détruite il y a environ deux siècles. Ce fut alors que les membres de cette tribu Maghzen, poursuivis par leurs ennemis, se réfugièrent dans les montagnes du nord, dans la région qui constitue la Khroumirie actuelle.

Le pays était alors habité par des tribus berbères auxquelles les Maghzen envahisseurs imposèrent leurs usages, leur langue et leurs lois, tout en prenant les habitudes sédentaires et agricoles, ainsi que les mœurs sauvages et brutales des habitants primitifs de la montagne.

4e *version.* — L'origine des Khroumirs remonterait à une fraction de la grande tribu berbère appelée Senhadja, qui serait venue s'établir dans la montagne en se mêlant avec d'autres fractions de tribus berbères venues de l'ouest.

5e *version.* — Enfin, d'après une autre légende assez obscure, l'origine des Khroumirs remonterait à une époque bien antérieure à celle du prophète, époque à laquelle ils étaient chrétiens. Au moment de l'invasion arabe, ils auraient été forcés d'embrasser, sous peine de mort, la religion musulmane, et auraient ensuite formé une tribu, que les événements ultérieurs auraient fait émigrer vers les montagnes du nord, pour se fixer dans la région qui constitue la Khroumirie actuelle.

D'après ces trois dernières versions, le nom de Khmir ou Khroumirs, qu'on a donné à cette peuplade, ne proviendrait plus du nom de son premier ancêtre, mais le nom de Khmir lui aurait été donné seulement après l'occupation par elle des montagnes où elle réside. Il faudrait alors rapporter à d'autres causes cette appellation.

Si on s'en rapporte à l'étymologie arabe, le nom de Khmir vient du verbe Khmr qui veut dire : « couvrir, envelopper, cacher » — « faire lever la pâte avec du levain » — et enfin « enivrer ». Khmir (dont nous avons fait par corruption Khroumirs) est un pluriel, qui veut dire : fermenté et ivrogne, tandis que l'adjectif diminutif Khmiri, au singulier, veut dire : brun.

Or, d'après les lettres arabes, l'orthographe exacte du nom de cette tribu est : Khmir au pluriel et Khmiri au singulier.

D'après cela, faut-il croire que le nom de Khroumirs ou Khmir donné à cette population vient de ce que les adjectifs que ce mot désigne sont applicables aux habitudes ou au caractère des Khroumirs ? Cela peut être, mais il est permis d'en douter, car, en considérant les significations diverses du mot au singulier et au pluriel, on obtient les termes suivants : fermenté, ivrogne et brun. Or, s'il est vrai que la presque totalité des Khroumirs sont bruns, il est non moins vrai qu'ils sont très sobres et surtout ne s'enivrent jamais. D'un autre côté, la tribu, dont la population est stationnaire depuis de longues années, a pu, à un moment donné, prendre un accroissement rapide, d'où viendrait ce nom de Khmir, signifiant alors « fermenté », et par extension : levain, développement rapide.

Est-ce peut-être parce que les Khroumirs sont d'un caractère sauvage et batailleur que cette appellation leur a été appliquée ? C'est chose possible, mais qu'on ne saurait affirmer.

Maintenant, si on se demande pourquoi cette tribu des Khroumirs a fait choix pour se fixer du pays qu'elle occupe actuellement, pays peu productif, peu fertile et d'un accès difficile, il est probable qu'au moment de son émigration les conditions dans lesquelles se trouvait cette peuplade lui ont fait préférer un pays moins fertile mais plus sûr, facile à défendre et presque inexpugnable, à ce moment du moins. Les Khroumirs, du reste, disent que leurs ancêtres n'ont pas toujours habité ce pays montagneux, mais aucun d'eux ne connaît la date même approximative de leur émigration ; ils sont toutefois unanimes à dire qu'à leur arrivée le pays était presque inhabité et qu'ils y trouvèrent les ruines qui existent encore aujourd'hui en certains points.

L'examen des traces de l'occupation romaine permet d'affirmer qu'à cette époque cette région était presque inhabitée, à part la plaine de Tabarka, dans laquelle les ruines romaines sont très nombreuses. En dehors de cette plaine et dans la montagne, on ne trouve que les vestiges de postes militaires sans importance, placés à l'entrée des vallées ou à certains points des montagnes où ils pouvaient assurer la sécurité des routes qui traversaient le pays, ou protéger les habitants de la plaine et du rivage contre les maraudeurs montagnards.

MŒURS DES KHROUMIRS.

Ce qui porte surtout à penser que les Khroumirs sont primitivement de race arabe à peu près pure, c'est que leur type, de même que leur manière d'être, diffèrent fort peu des autres tribus arabes voisines. Il y a eu, du reste, des alliances nombreuses entre les Khroumirs proprement dits et leurs voisins. Actuellement presque tout ce qu'on peut dire des Khroumirs comme mœurs et habitudes peut s'appliquer également à toutes les tribus qui, habitant la même région montagneuse, entourent de tous côtés les tribus d'origine purement khroumire.

Il est toutefois à remarquer que les Khroumirs, tout en ressemblant presque complètement aux Arabes montagnards leurs voisins, en diffèrent par quelques caractères, et notamment en ceci qu'on rencontre chez eux un plus grand nombre d'hommes constitués fortement et d'apparence plus grande et plus robuste que dans la plupart des tribus Arabes environnantes.

Les Khroumirs sont pour la plupart grands, bien découplés et très forts ; leurs muscles, surtout chez les hommes, sont très développés, parfois même d'une façon exceptionnelle. Ils sont tous bruns et ont les yeux noirs ; cependant il faut ajouter à ce sujet que nous avons eu occasion de voir quelquefois parmi eux des exceptions à cette règle, notamment chez quelques petites filles, et plus rarement chez quelques jeunes gens, qui avaient les cheveux d'un châtain tirant sur le blond et les yeux bleus. Ces exceptions sont, du reste, assez rares. Leur manière de vivre, leur vêtement, etc., sont identiques à ce qu'on voit chez les tribus arabes qui habitent les régions voisines. Les hommes sont invariablement vêtus de la gandourah de cotonnade ou de toile et du burnous de laine blanc. Les femmes, qui toutes, à part quelques femmes de chefs, ont toujours le visage découvert, portent pour tout vêtement une jupe de cotonnade presque toujours bleue, descendant jusqu'à mi-jambe et à laquelle se rattachent deux pièces couvrant le dos et la poitrine et se rejoignant sur les épaules. Comme coiffure, une sorte de turban en étoffe rouge très plat et surtout très large. L'un et l'autre sexe vont toujours pieds nus ; les chaussures ne sont employées que par les caïds, cheiks et leur famille ou par quelques Khroumirs assez riches.

Les femmes portent en outre, lorsqu'elles appartiennent à une famille moins pauvre, des cercles d'argent ou de cuivre autour des poignets et des chevilles. Elles portent de plus des pendants d'oreilles faits de larges anneaux de métal dans lesquels sont parfois enfilées diverses verroteries. Les enfants mâles des chefs ou des notables se distinguent, en outre, par un anneau d'argent large et mince passé dans une des oreilles. Les petites filles de ces chefs portent les mêmes ornements que les femmes.

Tous les Khroumirs, hommes et femmes, sont dès leur enfance tatoués en bleu de dessins divers autour des poignets et des chevilles ; en outre, les hommes portent sur le front un petit tatouage dont le dessin diffère suivant la tribu. Les femmes le portent sur le front et les joues.

Les hommes se teignent les ongles avec du henné, les femmes font de même et de plus se teignent en noir bleu le tour des yeux et les sourcils. On teint aussi avec le henné la queue des chevaux des notables.

La condition de la femme n'est ni meilleure ni pire que chez les autres Arabes ; elle est, comme chez eux, chargée des plus rudes travaux et considérée comme un être d'une nature inférieure. On la marie, la plupart du temps, très jeune, ou plutôt on la vend à celui qui se présente pour l'épouser, sans lui demander son consentement, et souvent même l'affaire est conclue entre le chef de la famille sans qu'elle ait même vu son prétendu ; celui-ci en paye le prix aux parents en argent ou même en bestiaux qui sont la principale richesse des Khroumirs. Ce n'est qu'après cinquante ans que la fille restée jusque-là célibataire peut disposer librement de sa personne. Les veuves deviennent aussi libres par le seul fait du veuvage.

Les Khroumirs sont en général monogames, bien que la religion musulmane leur permette un plus grand nombre de femmes. Les chefs et les riches en ont deux, trois ou quatre, mais jamais ce dernier nombre n'est dépassé. Ils sont pour la plupart fort jaloux et très souvent, lorsqu'il y a lieu, n'hésitent pas à commettre un meurtre, même sur un simple soupçon.

Les mariages se célèbrent tout comme dans les autres tribus arabes, et il y a, après que le consentement des pères de famille et leur entente ont été ratifiés par le caïd, des fêtes qui durent plusieurs jours et pendant lesquelles on mange le couscous et on fait parler la poudre.

Les Khroumirs inhument leurs morts çà et là dans les endroits du territoire de leur tribu choisis à cet effet, et dont le principal est le plateau qui environne le marabout de Sidi-Abdallah. Ils creusent une fosse d'un mètre de profondeur, y couchent le mort revêtu de ses vêtements ordinaires sur un lit de feuillage de myrte, le recouvrent d'une assez grande épaisseur de ce même feuillage, puis comblent la fosse et par-dessus placent en tas des pierres et des cailloux. Quand le mort est un marabout ou un chef renommé, le tas de pierre est beaucoup plus élevé et on y plante de plus des bâtons à l'extrémité desquels on attache un lambeau d'étoffe.

Habitations. — Les Khroumirs qui habitent la montagne et ceux qui vivent aux abords de la plaine, ou dans la plaine de Tabarka, diffèrent jusqu'à un certain point dans la manière de construire leurs habitations, car les montagnards, essentiellement nomades, ne faisant presque aucune culture, et dont tout l'avoir consiste en troupeaux, sont par là même obligés de changer fréquemment l'emplacement de leur domicile. Ils sont, en effet, dans la nécessité de rechercher sans cesse la proximité de nouveaux pâturages. Leur habitation n'est qu'une tente en poil de chameau ou le plus souvent en laine et poil de chèvre, facile à démonter et à transporter. Ils ne forment jamais de douars, et les réunions de tentes ne dépassent pas 5 ou 6, habitées par les membres d'une même famille. Ces tentes sont entourées, ainsi que le terrain avoisinant, d'une haie de broussailles épineuses, où on parque les animaux domestiques. Près de la tente se trouve également un petit espace de terrain cultivé en orge, sorgho, pastèques, etc. Ces familles vivent ainsi d'une manière nomade, changent fréquemment l'emplacement de leur tente, mais sans quitter pour cela le territoire appartenant à leur tribu, et se maintiennent toujours à proximité de la demeure de leurs chefs.

Les Khroumirs dits de Tabarka ne vivent pas de la même manière, et, comme ils habitent aux abords d'une plaine très fertile et s'occupent surtout de culture, leurs demeures sont fixes et consistent non plus seulement en une tente dont les broussailles masquent l'entrée, mais en véritables gourbis entièrement construits en branchages entrelacés et dont la toiture est le plus souvent doublée à l'intérieur d'une toile de tente.

Ces gourbis sont groupés en douars construits à proximité des sources et sur les emplacements les plus favorables du territoire de la tribu. Seuls quelques caïds ou cheiks ont des demeures plus confortables, plus spacieuses et construites soit en poutrelles ou même quelquefois en maçonnerie et recouvertes de tuiles. A part ces exceptions, il faut reconnaître que, dans la plaine comme dans la montagne (mais surtout dans celle-ci où le froid est parfois très vif), les demeures des Khroumirs sont bien insuffisantes pour les garantir contre les intempéries de l'hiver, si rude souvent dans ces régions ; aussi, à cette saison, entretiennent-ils nuit et jour de grands feux, et font-ils entrer, en outre, sous leurs tentes des animaux domestiques.

Religion. — La religion des Khroumirs est celle des autres Arabes, mais ils semblent être fort indifférents à la pratiquer, et ce n'est qu'exceptionnellement qu'on en rencontre faisant leur prière. La religion consiste surtout pour eux dans les coutumes et les habitudes qu'ils ont prises peu à peu à leurs voisins et qu'ils se sont assimilées ; en somme, fanatiques mais peu pratiquants. Les Khroumirs appartiennent à l'ordre de Sidi Mohammed-ben-Abderrhaman et suivent les préceptes de Sidi Ahmed ben-Malek, dont la Zaouïa mère est à Tunis, et du marabout Sidi-ben-Aïssa qui habite le Kef. En général, on peut dire que les Khroumirs sont toujours restés assez étrangers aux intrigues religieuses, et cela grâce à leur isolement. Leur langue est l'arabe dégénéré, rude, mais on y chercherait en vain la trace d'un mot berbère.

Historique. — L'histoire des Khroumirs, jusqu'au moment de l'expédition française de 1881, est fort obscure et à peu près inconnue ; elle ne consiste qu'en quelques relations ou récits de faits de guerre contre leurs voisins, contre les troupes beylicales ou entre tribus, razzias faites par les uns sur les autres. En somme, ces tribus khroumires, grâce aux refuges que présentent contre un envahisseur leurs montagnes inaccessibles, ont pu se soustraire à l'impôt et se maintenir en révolte continuelle contre l'autorité beylicale. Ils se sont, dans toutes ces circonstances, bien défendus et ont pu repousser toutes les attaques soit contre les troupes du Bey, soit contre leurs propres voisins qui, souvent exaspérés par leurs rapines, essayèrent de les attaquer.

La solidarité qui a dû constamment exister entre eux pour se soutenir contre les agressions du dehors n'a permis à aucune famille des tribus khroumires de s'élever au-dessus des autres. Leurs chefs ont toujours été choisis parmi les hommes les plus courageux ou les plus sages, qu'on prenait comme arbitres dans les discussions ; mais, en dehors des périodes de crise, ces chefs n'ont jamais eu qu'une influence limitée et ne s'étendant jamais au delà d'une tribu ou deux. Il en était de même pour la justice, les Khroumirs ne possédaient autrefois pas de cadi et les différends étaient tranchés par un arbitrage volontaire ou de gré à gré. L'expédition française de 1881 et le Protectorat qui en a été la conséquence ont été en partie amenés par une série de faits survenus sur la frontière algérienne, où la tribu khroumire des Ouled-Cedra, aidée souvent des tribus voisines, a exercé ses rapines pendant de longues années, soit aux dépens d'indigènes algériens, soit aux dépens d'Européens résidant dans le pays. C'est surtout dans les environs de la mine d'Oum-Theboul et même de la Çalle que, non seulement les vols, mais aussi les attaques à main armée ont été pendant longtemps fréquentes. La configuration et la topographie du pays étaient, du reste, des plus favorables aux maraudeurs, car le lac Tonga, qui s'étend entre Oum-Theboul et la Calle, est entouré de toutes parts de forêts montagneuses où les maraudeurs demeuraient en toute sûreté et s'embusquaient, soit pour attaquer les voyageurs sur la route de la Calle à Bône qui traverse la forêt, soit pour faire main basse sur tout ouvrier de la mine d'Oum-Theboul qui se hasardait hors du bordj. Il était aussitôt entraîné par les maraudeurs Khroumirs, puis restitué contre rançon. Lors de l'expédition de 1881, qui a mis fin à cet état de choses, les Ouled-Cedra et avec eux les autres tribus khroumires essayèrent de nous résister, mais furent bientôt réduits à l'impuissance et obligés de demander l'aman. Depuis cette époque, les Khroumirs paraissent avoir accepté notre domination sinon avec plaisir, du moins avec résignation. Il est même à remarquer qu'en Khroumirie les habitants sont non seulement complètement soumis, mais aussi plus serviables et plus polis envers les Européens et surtout les militaires que les autres indigènes leurs voisins. Ils entrent volontiers en relation avec nous et, pour notre part, nous les avons toujours vus disposés à rendre un service, même non rétribué, lorsque l'occasion s'en présentait. Notre domination est cependant plus lourde pour eux que pour beaucoup d'autres Arabes de la Tunisie. Non seulement ils ont perdu, depuis 1881, leur indépendance qu'ils avaient pu conserver intacte jusque-là, mais à cela sont venus s'ajouter des impôts excessifs pour une population si pauvre, et auxquels ils n'avaient jamais été soumis effectivement ou d'une manière si complète ; ces impôts absorbent la plus grande partie de leurs revenus qui ne leur permettaient déjà que de vivre difficilement pendant l'hiver si rude en Khroumirie. L'impôt sur le tabac a, en particulier, activé leur ruine ; car, d'après les renseignements recueillis, il n'y avait pas une tente en Khroumirie qui, avant notre arrivée, ne vendît au moins 4 ou 500 piastres de tabac par an. Ils ont été forcés d'abandonner cette culture, leur principale ressource, pour ne plus s'occuper que d'agriculture ou d'élevage du bétail, car ils n'ont aucune industrie qui leur soit spéciale.

Disons en passant, à propos de ce sujet, que les Khroumirs ne fument jamais le tabac qu'à de bien rares exceptions, mais presque tous les hommes prisent, comme le font, du reste, les autres Arabes leurs voisins.

Jusqu'à présent on n'a pas obligé ces Khroumirs à satisfaire au recrutement pour l'armée beylicale ou les troupes indigènes de la brigade d'occupation (les Khroumirs étant considérés comme nomades). Inutile de dire qu'avant 1881 ils étaient affranchis de toute obligation de ce genre envers les beys.

Justice. — Actuellement la justice musulmane fonctionne régulièrement en Khroumirie depuis 1881, en ce qui concerne les affaires entre indigènes, car celles où une des parties est représentée par un Européen relèvent des tribunaux du Protectorat. A Aïn-Draham, c'est un capitaine de la garnison qui remplit les fonctions de juge de paix ; il est assisté d'un greffier-huissier choisi parmi les adjudants du bataillon de zouaves qui habite la localité, car la Khroumirie est encore territoire militaire et un bureau des renseignements y est établi.

Pour les affaires judiciaires exclusivement indigènes, la Khroumirie possède un cadi demeurant à Aïn-Draham, lequel est assisté de 6 adouls (notaires) et de plusieurs aouns (huissiers). Les questions de mariages, successions, divorces et contestations diverses, sont portées devant ce cadi, qui les tranche, si elles sont de sa compétence, et qui, dans le cas contraire, renvoie l'affaire devant le Chara de Tunis (justice du cadi de Tunis).

Industrie. — Les Khroumirs n'ont aucune industrie qui leur soit propre : ils fabriquent, comme les autres Arabes et d'une manière plus ou moins grossière, les objets en bois ou les poteries dont ils ont besoin ; ils façonnent, à l'aide d'une forge très primitive, les instruments de fer aratoires ou autres qui leur sont nécessaires. Ils trouvent aux trois marchés, qui se tiennent chaque semaine en Khroumirie, des mercantis qui leur vendent des tissus et tous les menus objets qu'ils ne peuvent fabriquer eux-mêmes. Ces marchés ont lieu le dimanche à Fernana, le lundi à Aïn-Draham et le vendredi à Tabarka. Ils sont très fréquentés, et non seulement les Khroumirs, mais encore les Arabes des tribus voisines, s'y rendent en grand nombre ; les transactions sur les grains et les bestiaux constituent la partie la plus importante de ces marchés, où on trouve aussi l'huile, les fruits, les volailles, etc.

Culture. — La majorité des Khroumirs sont très paresseux et, une fois leur abri, leur nourriture et leur vêtement assurés d'une manière quelquefois très insuffisante, ils passent leur temps à se reposer, les femmes étant exclusivement chargées de tous les travaux d'intérieur. Cependant, il existe, dans la plaine de Tabarka, des indigènes qui travaillent d'une manière continue à la culture des champs, le Khroumir de la montagne se contentant de cultiver un très petit espace de terrain près de sa tente, suffisant à le nourrir, lui et les siens. La plus grande étendue de la plaine de Tabarka est donc cultivée et, malgré les moyens rudimentaires de culture dont se servent les Khroumirs, ils obtiennent chaque année une récolte d'orge qui se fait en juillet et une de sorgho qui se fait en septembre ; on ensemence le sorgho dans les champs où on a récolté l'orge l'année précédente. Ces deux céréales sont, avec le blé, les seules que produit la Khroumirie, malheureusement en petite quantité. Cependant on pourrait obtenir mieux, vu la grande fertilité du sol de la plaine de Tabarka, où les indigènes se contentent, comme charrue, d'une pièce de bois traînée par deux bœufs, et dans laquelle est fixé un soc de fer long de quelques pouces, à l'aide duquel ils grattent la terre plutôt qu'ils ne labourent. Quant à fumer la terre ou à l'irriguer, ce qui dans cette plaine serait très faisable et pourrait rendre de grands services, les Khroumirs n'y songent même pas. A part cette culture du sorgho, de l'orge et du blé, aucune autre n'est faite en Khroumirie depuis l'interdiction de celle du tabac. Près de chaque tente et de chaque douar, on voit çà et là des portions de terrain où on fait un peu de jardinage très primitif et où on récolte surtout les fèves et des pastèques. Les Khroumirs ont commencé, il y a deux ans, en très petit nombre et seulement près d'Aïn-Draham, à cultiver la pomme de terre, d'après les conseils et les indications de M. Boutineau (pharmacien, aide-major). Il serait fort à désirer que la culture de ce tubercule fût rapidement vulgarisée en Khroumirie, ce qui obvierait, en partie, au moins aux famines partielles qui souvent éprouvent, pendant l'hiver, les tribus montagnardes. Malheureusement, l'amour de la routine et son inertie naturelle rendent plus difficile, chez cette nation primitive et ignorante, l'introduction de toute culture nouvelle.

Elevage. — La seule industrie des Khroumirs pouvant se rattacher à l'agriculture est l'élevage du bétail. Les troupeaux sont nombreux en Khroumirie et forment la seule richesse des indigènes ; ils sont composés de bœufs, chèvres et moutons (les Européens seuls font l'élevage du cochon). Seulement, là encore la paresse et l'incurie des Khroumirs s'opposent à ce que leurs troupeaux prospèrent comme ils le devraient. Chaque hiver, en effet, décime les troupeaux dans la montagne. Pendant l'hiver de 1890-91 principalement, la neige persistante et le froid ont tué la majorité des animaux, et ainsi presque ruiné les malheureux indigènes. Il leur serait facile cependant de construire, pendant la belle saison, des abris en branchages où les troupeaux s'abriteraient pendant l'hiver, de même qu'ils pourraient fort bien couper, pendant l'été, des quantités de fourrage suffisantes pour nourrir leurs bestiaux durant la mauvaise saison ; mais un pareil travail de prévoyance est tellement éloigné des habitudes paresseuses et fatalistes des Khroumirs qu'il serait, nous en sommes convaincus, parfaitement inutile de chercher à l'obtenir d'eux. Été comme hiver, les animaux domestiques, à peu d'exceptions près, doivent trouver eux-mêmes dans la brousse et la forêt l'abri et la nourriture. Nous reviendrons, du reste, dans la seconde partie de cet ouvrage, sur l'élevage en Khroumirie et tous les avantages et les profits qu'on pourrait en tirer.

Gibier. — Ajoutons à ce chapitre cette particularité que, depuis deux ou trois ans, quelques Khroumirs se procurent des gains fort appréciables par la vente du gibier, qu'ils apportent à des Européens du pays chargés de les faire parvenir sur le marché de Bône. Cette nouvelle industrie s'exerce en toute saison, excepté pendant l'été, et pour peu que cela prenne de plus grandes proportions, c'est certainement la destruction du gibier assurée à une époque peu lointaine, car les Khroumirs détruisent les perdreaux aussi bien au moment de la pariade qu'en tout autre temps, et l'absence de règlements sur la chasse réellement appliqués ne peut que favoriser cet état de choses.

Fêtes religieuses. — Disons encore, en terminant cette notice sur les Khroumirs, qu'ils ont en propre l'habitude de célébrer, à part les autres fêtes du rite musulman et le rhamadan, deux fêtes spéciales à leurs tribus : la Zerda du printemps et la Zerda d'automne, célébrées en l'honneur de Sidi-Abdallah, le fondateur de leur race. A ces deux époques, tous les Khroumirs se rassemblent, pendant quatre jours, près du marabout de Sidi-Abdallah où se trouve le tombeau du saint et où sont déposés les drapeaux de chaque tribu. La Zerda d'automne est la plus considérable. Ces fêtes sont non seulement des sortes de foires où se tiennent les marchés de toute espèce, mais, de plus, on y exécute des fantasias, on s'y exerce au tir, et surtout on fait mainte ripaille. Les Khroumirs, hommes et femmes, y viennent de tous les environs, parés de leur mieux, et les tribus voisines du marabout tiennent table ouverte pendant la durée de ces fêtes. Presque tous les assistants vont alors visiter comme pèlerinage l'intérieur du marabout, et chacun d'eux donne en entrant une pièce de monnaie au gardien ; la somme ainsi réunie sert à l'entretien du monument. De plus, on apporte là les malades de diverses tribus et on les laisse pendant un jour ou deux couchés sur des nattes dans l'intérieur du marabout, autour du tombeau de Sidi-Abdallah, afin d'obtenir leur guérison.

FAUNE ET FLORE.

Notre intention ici n'est pas de faire l'étude scientifique au point de vue de l'histoire naturelle des animaux et des plantes qu'on trouve en Khroumirie, mais seulement de donner sur le règne végétal et animal de cette région un aperçu qui permette de connaître les espèces principales qui y existent à l'état sauvage, d'en indiquer, s'il y a lieu, l'utilité ou la manière d'être spéciale, enfin de donner sur les animaux et les plantes originaires de Khroumirie les indications nécessaires pour permettre au colon, à l'agriculteur et au chasseur de savoir ce qu'il doit attendre ou craindre de ces produits naturels de la contrée et de connaître comment il peut employer ces diverses ressources en vue de ses intérêts ou de ses besoins.

A. — FAUNE.

I. **Mammifères**. — Les carnassiers sont largement représentés dans les forêts et les montagnes de la Khroumirie, et si les grands fauves, qui autrefois y étaient très abondants, ne se voient plus maintenant qu'à d'assez rares intervalles, en revanche les carnassiers d'ordre inférieur, très destructeurs des volailles et du gibier, existent en fort grand nombre. Les ours ont existé dans les montagnes khroumires ; les derniers ont disparu vers la fin du dernier siècle. Nous allons passer en revue ces carnassiers et dire quelques mots sur chacun.

Lion. — Les lions sont en Khroumirie d'une rareté excessive ; c'est à peine si, chaque trois ou quatre ans, un d'eux passe la frontière venant de la province de Constantine et gagne les forêts khroumires, et encore chaque fois les lions ou lionnes signalés n'ont-ils fait qu'un très court séjour, après lequel ils s'en retournaient en Algérie ou bien étaient abattus.

Panthère. — La panthère, tout en n'étant pas très commune, se voit plus fréquemment que le lion, et il ne se passe guère d'année pendant laquelle deux ou trois de ces animaux (quelquefois plus) ne soient abattus en Khroumirie. C'est habituellement du côté de Tabarka qu'on les a toujours trouvés, car la plupart venaient d'Algérie. Cependant il faut ajouter que plusieurs de ces carnassiers avaient un domicile fixe dans tout le territoire très boisé et absolument inhabité qui s'étend entre Tabarka et Oum-Théboul; mais, depuis 1890, les forêts ont été détruites en cet endroit par l'incendie, les panthères ont disparu de cette région. La presque totalité de ces fauves tués en Khroumirie provient donc d'Algérie en passant la frontière, et leur présence se révèle aussitôt par les victimes qu'ils font dans les troupeaux. Les ravages sont d'autant plus sérieux que ces panthères venant en Khroumirie sont presque toutes de très grande taille ; nous en avons vu apporter à Aïn-Draham dont la longueur totale atteignait trois mètres.

Hyène. — La hyène est commune en Khroumirie et, si on n'en rencontre pas plus souvent, les habitudes nocturnes et méfiantes de cet animal en sont cause. La seule variété de cette espèce qui habite la région est la hyène rayée, qui atteint quelquefois la taille d'un grand loup. La hyène se contente en général de proies mortes, mais quelquefois, si elle en trouve l'occasion, elle saisira très bien une chèvre ou un mouton égaré ; elle enlève surtout les chiens qu'elle peut rencontrer isolés.

Chacal. — Rien de plus commun que le chacal, dans la montagne surtout ; chaque soir, on les entend d'Aïn-Draham glapir par centaines autour du camp, et pendant la nuit ils ne cessent de rôder autour des baraquements à la recherche d'une proie morte ou vivante.

Renard. —La seule espèce de renard qu'on trouve en Khroumirie est le renard doré, de plus petite taille que le renard de France, mais dont les teintes sont bien plus éclatantes, tirant sur un jaune orangé très vif et ayant toujours l'extrémité de la queue entièrement blanche. Ses mœurs et sa manière de vivre sont identiques à celles du renard européen.

Lynx. — On trouve dans le pays quelques lynx, mais pas très nombreux; ils sont en général très craintifs et très méfiants. Leur pelage est d'un roux uniforme, avec le ventre et la gorge blancs tachetés de points bruns ; leurs oreilles sont noires et terminées par une touffe de poils noirs en pinceau. En somme, c'est un gros chat dont la longueur peut atteindre un mètre, et un acharné destructeur du gibier.

Chat-tigre. — L'animal ainsi nommé en Khroumirie est le chat serval, dont la taille est analogue à celle du lynx, duquel il se rapproche encore par sa manière de vivre et ses instincts carnassiers et destructeurs. Seulement il est plus commun que le lynx, et surtout moins défiant, car, pendant l'hiver, il pénètre très bien dans les écuries ou les gourbis pour y enlever les volailles. Son pelage est d'une fauve tantôt grisâtre, tantôt orangé ; sa fourrure, assez longue et épaisse, est parsemée de taches noires oblongues irrégulièrement disposées, mais toutes dans le sens longitudinal ; la queue est assez courte, annelée de fauve et de noir.

Chat sauvage. — Le chat sauvage existe en Khroumirie, bien qu'il n'y soit pas aussi nombreux que le chat-tigre ; cet animal diffère de son congénère de France en ce que son pelage est moins fourré et plus ras ; de plus, il présente une coloration d'un gris uniforme, sur lequel sont régulièrement disposées un très grand nombre de taches brunes non ocellées ; la gorge et le ventre sont, chez le chat adulte, d'un jaune orangé. La queue, assez courte (environ 25 centimètres), n'est pas aussi fourrée que celle du chat sauvage de France ; elle présente une série d'anneaux gris et noirs ; le dernier est toujours noir. Sa taille est celle du chat-tigre. A propos de ce chat sauvage, disons qu'il importe de ne pas le confondre avec d'autres chats habitant les forêts et la brousse, et qui sont ou des chats domestiques devenus sauvages et offrant des pelages très variés, ou des métis de ces mêmes chats avec de vrais chats sauvages. Tous ces animaux sont, du reste, de grands destructeurs d'oiseaux et de gibier.

Mangouste. — Ces animaux, qu'on désigne habituellement sous le nom de ratons, sont semblables à de gros rats, longs de 0 m. 80, et d'un pelage assez fourré d'un gris roux : ils ont une longue queue de même couleur terminée par un petit pinceau noir, sont très bas sur pattes et plantigrades. Ce sont des carnassiers redoutables pour les basses-cours et les oiseaux ; ils sont excessivement communs en Khroumirie, et très souvent on en voit deux ou trois ensemble. Leurs habitudes sont à peu près les mêmes que celles de la fouine et du putois en France. Ils dorment dans quelques trous de rochers ou dans la brousse pendant le jour, et, le soir venu, ils se mettent en chasse, exerçant leurs déprédations jusque dans les lieux habités ; les volailles n'ont pas de plus grand ennemi.

Civette. — Ce carnassier, dont la taille peut atteindre celle d'un chien de moyenne grandeur, doit exister en Khroumirie, mais y est fort rare, et nous n'avons jamais pu en voir une seule ni entendu dire qu'on en ait abattu.

Genette. — La genette de Numidie (qu'on appelle civette dans le pays) est au contraire très commune. Ce petit carnassier, qui exhale une très forte odeur de musc, est un digitigrade dont le corps a à peu près la longueur de celui d'un chat domestique et est très bas sur pattes ; sa tête offre beaucoup d'analogie par sa forme avec celle du renard. Le pelage de la genette est tout entier d'un fond gris-souris, sur lequel se trouvent régulièrement disposées dans le sens longitudinal des taches noires, oblongues ; la queue est très longue, fournie et annelée de noir et de gris. Les habitudes et la manière de vivre de la genette sont identiques à celles de la mangouste.

Loutre. — On en trouve quelques-unes dans les oueds poissonneux et notamment, dans l'Oued-Kébir. Cette loutre n'offre rien de particulier, elle a le même pelage et les mêmes habitudes que la loutre de France, mais sa taille est un peu moindre.

Belette. — On voit en Khroumirie quelques belettes semblables à celles de France ; le dessus du corps est brun marron et le ventre blanc. Elle conserve la même robe hiver comme été. Aucun des carnassiers dont nous venons de parler n'est comestible.

Porc-épic. — Le premier et le plus gros sinon le plus commun représentant de l'ordre des rongeurs en Khroumirie est le porc-épic, qui existe en assez grand nombre, mais qu'on ne rencontre pas souvent, étant donnée la manière de vivre de cet animal auquel les rochers abrupts offrent dans leurs crevasses des retraites sûres d'où il ne sort qu'à la nuit, pour chercher sa nourriture. Les indigènes cependant en tuent à l'affût ou en prennent au piège quelques-uns. C'est, au point de vue comestible, un gibier assez médiocre, généralement trop gras.

Hérisson. — Le hérisson est commun et semblable en tous points à son congénère d'Europe. Il est à remarquer que les indigènes le mangent assez volontiers.

Lièvre. — Le seul mammifère qui, avec le sanglier, mérite en Khroumirie le nom de gibier, est le lièvre qu'on rencontre en grande qnantité, mais dont la chasse ne peut guère se faire, étant donnée l'épaisseur de la brousse dans toute la montagne, qu'au moyen de chiens courants ou à l'affût. Les chiens bassets sont ici préférables, en ce qu'ils ne poussent pas trop vite le lièvre à son départ, et on est assuré, en le chassant ainsi, de le voir revenir au lancer, après une course de quelques minutes. Ce lièvre n'habite pas la plaine, mais seulement ses abords où la brousse lui offre un refuge assuré. Il est de plus petite taille que le lièvre de France, et les plus gros atteignent 2 kilos 500 au maximum. Son pelage est aussi d'un fauve un peu gris ; à cela près, ses mœurs sont les mêmes, et au point de vue comestible, il aurait la même valeur, si sa chair avait un fumet un peu plus prononcé. Le *lapin* n'existe pas à l'état sauvage en Khroumirie.

Autres petits rongeurs. — Quant aux différents petits mammifères rongeurs qu'on trouve dans le pays, nous n'avons que peu de chose à en dire. Les rats et les souris sont fort communs et analogues à ceux de France. Il existe seulement une espèce de rat qu'on ne voit pas en Europe (rat de Barbarie), lequel est d'assez petite taille et de couleur blanchâtre, zébrée longitudinalement de bandes brunes, absolument comme de petits marcassins. Ce rat est, du reste, assez peu commun.

L'*Ecureuil* n'existe pas en Khroumirie ; nous n'y avons jamais rencontré non plus le loir ou le lérot.

Sanglier. — Le sanglier se rencontre dans toutes les forêts khroumires en très grande quantité ; les chênes liège et zeen lui fournissent avec leurs glands une nourriture abondante, et, les sources se rencontrant à chaque pas dans la montagne, on conçoit que les sangliers doivent pulluler dans la région. Les mœurs de ce pachyderme sont absolument celles du sanglier d'Europe ; cependant, tout en ressemblant identiquement à ce dernier, le sanglier khroumir n'atteint jamais une aussi grande taille, et il est bien rare d'en voir dont le poids dépasse cent kilos. Au point de vue comestible, ce gibier est excellent. Les Arabes, qui ne le mangent pas, ne le chassaient avant 1881 que par distraction, mais maintenant ils le vendent à très bas prix, il est vrai, et on peut acheter à Aïn-Draham pour 12 à 15 francs un sanglier de 100 à 150 livres. La plupart des sangliers abattus ont été tués par les chasseurs khroumirs à l'affût ; cependant quelques-uns d'entre eux le chassent avec des chiens (roquets). Le sanglier, qui est encore très commun en Khroumirie, pourra bien y devenir plus rare dans l'avenir, étant donnés les déboisements qu'on opère dans le pays et les chasses nombreuses qu'en font en tout temps les Arabes.

Cerf. — Le cerf (espèce dite de Corse) est inconnu en Khroumirie, bien qu'on en trouve à peu de distance dans les forêts qui avoisinent la frontière algérienne, aux environs de Ghardimaou. Ils sont, du reste, en petit nombre ; un décret beylical interdit la chasse de ces animaux, et des peines sévères sont prononcées contre les délinquants.

II. **Oiseaux**. — A. Rapaces. — L'ordre des rapaces est largement représenté en Khroumirie, où on en trouve une grande quantité, tant diurnes que nocturnes.

a) *Rapaces diurnes*. — Les aigles ne sont pas très rares, surtout un aigle fauve d'assez petite taille qui est de beaucoup le plus commun. On rencontre cependant aussi parfois le grand aigle royal de couleur foncée (brun noirâtre).

Les vautours se voient aussi dans les montagnes khroumires, mais il est à remarquer que leur séjour n'y dépasse pas la belle saison et qu'ils disparaissent avec les premiers froids. Le grand vautour fauve à col dénudé y est extrêmement rare, mais on voit plus fréquemment une sorte de vautour gypaète, de la même couleur (fauve clair avec le bout des ailes noir) que le grand vautour et presque de la même taille ; seulement, chez cet oiseau le cou n'est ni long ni dénudé, son œil est blanc, et il possède, comme le gypaète, une touffe de plumes formant moustache sous le bec. Les *urubus* ne se voient pas en Khroumirie.

Les éperviers sont très nombreux et appartiennent aux mêmes espèces qu'on trouve dans le sud de la France. L'épervier commun et la cresserelle sont ceux qui se trouvent le plus fréquemment. Les buses sont communes aussi, ainsi que les milans (ces derniers, milan royal et milan noir, se voient surtout dans la plaine de Tabarka et près des oueds) et le balbuzard.

Les faucons habitent aussi la Khroumirie ; il y en a plusieurs espèces, mais aucun indigène ne possède de faucons privés et dressés au vol ; cette chasse n'est pas pratiquée par les Khroumirs.

b) *Rapaces nocturnes.* — On trouve assez rarement le grand-duc, mais le moyen duc est plus fréquent. Ces deux oiseaux ne diffèrent en rien de leurs congénères d'Europe. Quant au petit duc ou au scops, nous ne l'avons jamais rencontré.

B. Passereaux. — Il y a énormément de passereaux de toute espèce, et on trouve en Khroumirie presque tous ceux qui se rencontrent dans le Midi de la France. Les principaux et les plus communs sont les hirondelles (surtout de cheminée, il n'y a pas de martinets), les moineaux, les pinsons, verdiers, bruants, linots, chardonnerets, mésanges, etc., etc. Il y a, à propos de ces petits oiseaux, une remarque que nous avons faite : c'est que leur plumage, tout en étant identique à celui de leurs congénères d'Europe, offre des couleurs beaucoup plus vives et des nuances comme exagérées.

Les merles et les grives sont très communs. Les passages d'étourneaux et d'alouettes sont très nombreux au mois de décembre.

Les corbeaux sont rares en Khroumirie, nous n'en avons jamais vu que deux couples à Aïn-Draham et aucun à Tabarka. Les pies n'existent pas. En revanche, les geais ordinaires se voient en grand nombre. Pendant l'été, on voit comme oiseaux propres au pays beaucoup de guêpiers et de geais bleus ou rolliers; ces derniers habitent surtout la plaine de Tabarka et sont toujours assez rares dans la montagne. Les loriots, les huppes, etc., arrivent au printemps, pour repartir en automne.

C. Grimpeurs. — Les grimpeurs sont très communs dans les forêts de la montagne ; ceux qu'on rencontre à chaque instant sont le pic vert et le pic épeiche. L'épeichette et la sitelle se voient aussi, mais beaucoup plus rarement. Il faut, pour ces oiseaux, notamment faire la même remarque que pour certains passereaux : leurs couleurs, tout en étant semblables à celles des pics d'Europe, sont beaucoup plus vives. Quelques coucous arrivent au printemps et repartent en automne.

D. Gallinacés. — L'oiseau appartenant à cet ordre qui se trouve le plus fréquemment et en toute saison en Khroumirie est la perdrix, qui constitue un gibier très estimé, bien que son fumet soit moins accentué que celui de la perdrix de France. Cette perdrix khroumire est la même, du reste, que dans les régions voisines et appartient exclusivement à cette variété de perdrix rouge, dite perdrix de Barbarie ou perdrix Gambra. Elle se différencie de la perdrix rouge française par sa tête bleue cendrée surmontée d'une bande brune et son large collier brun-marron piqueté de points blancs. Les ailes en outre présentent à leur partie supérieure 8 à 10 plumes bleues. Pour le reste, elle est semblable à la perdrix rouge, ses habitudes sont les mêmes ; elle vit comme elle en compagnies et préfère le terrain rocailleux et les broussailles de la montagne aux champs cultivés de la plaine. Son essor est très rapide et accompagné d'un cri particulier. Grâce à l'épaisseur de la broussaille qui ne permet pas de lever et souvent de tirer facilement cet oiseau, la chasse à la perdrix n'est jamais très productive, en Khroumirie, et un bon chien très broussailleur est absolument nécessaire. La pariade a lieu de la même manière et aux mêmes époques qu'en France.

Dans la plaine de Tabarka, on trouve encore la caille, surtout au moment des passages, mais jamais en quantité aussi grande que dans d'autres plaines des régions voisines. On en trouve également quelques-unes isolées dans la montagne. Il est à remarquer que la caille, en arrivant en Afrique, n'a plus ce fumet particulier qui la rend si délicate en France.

On trouve aussi de temps en temps, mais rarement, quelques poules de Carthage (petite outarde), pendant la belle saison, dans la plaine de Tabarka. Une seule fois nous y avons vu une grande outarde. Les autres gallinacés qui se voient en Khroumirie sont les tourterelles et les pigeons, qui n'habitent pas le pays d'une manière permanente. Les tourterelles, identiques à celles de France, arrivent au printemps et repartent en automne. Quant aux pigeons, à part quelques bandes de bizets assez rares, leur passage le plus important se fait pendant la saison des glands, et, du mois de janvier au mois d'avril, on voit dans les forêts de chênes liège et zeen des troupes innombrables de palombes ou pigeons ramiers, se nourrissant exclusivement de glands. On peut, à cette époque, en tuer, si on le veut, de grandes quantités à l'affût et sans se donner beaucoup de peine ; et comme gibier comestible, ils ne sont nullement à dédaigner.

E. — Echassiers. — Aucun oiseau n'appartenant à cet ordre n'habite la Khroumirie, d'une manière fixe, mais, à l'époque des passages, beaucoup d'entre eux se trouvent dans la plaine de Tabarka. Jamais on n'y voit de cigognes, mais les hérons et aigrettes sont assez fréquents sur les bords de l'Oued-Kébir. Les marais et les terres détrempées de la plaine de Tabarka servent de séjour pendant l'hiver à des bandes nombreuses de vanneaux et de pluviers (gris et dorés). On y voit aussi des bécassines en grande quantité, surtout dans la partie basse de la plaine. On trouve encore au moment des passages d'autres échassiers, tels que bécasseaux, échasses, courlis, etc., dans cette plaine marécageuse, ainsi que des poules d'eau, râles et foulques.

Quelques-uns des oiseaux que nous venons de citer se rencontrent fortuitement par petits groupes ou isolés sur certains hauts plateaux qui couronnent les montagnes, car, en hiver, souvent le trop-plein des sources forme dans ces endroits de petites prairies très humides.

Le principal oiseau de chasse appartenant aux échassiers est en Khroumirie la bécasse, qui habite la montagne dans ses parties les plus élevées aussi bien que dans les broussailles bordant la plaine. Cet oiseau arrive en novembre pour repartir en mars. Les passages en sont quelquefois très nombreux, et, dans les années favorables, on peut avec un bon chien faire lever jusqu'à 20 bécasses en quelques heures ; aussi cette chasse constitue pendant la mauvaise saison une des distractions les plus attrayantes qu'on puisse trouver en Khroumirie. En France, on compte deux espèces de bécasses, une grosse et une petite ; en Khroumirie, nous n'avons jamais vu que des individus appartenant à l'espèce dite petite et dont le plumage est en général plus foncé que celui de la grosse bécasse.

F. — Palmipèdes. — Les palmipèdes (canards et sarcelles) ne se rencontrent que par exception dans les oueds ou ruisseaux de la montagne ; mais, en revanche, dans la plaine de Tabarka on les trouve pendant tout l'hiver en grande quantité dans les marais et cours d'eau, surtout dans l'Oued-Kébir. Les espèces qui se voient d'habitude sont toutes connues en France : c'est le canard col vert, le milouin, le siffleur et le garrot ; ces sortes de canards sont les plus communs avec les sarcelles d'hiver. La sarcelle d'été, le canard souchet, le chipeau se rencontrent encore quelquefois, mais sont plus rares ; quant au canard pilet et au tadorne, nous n'en avons pas vu une seule fois. On trouve quelquefois pendant les passages des oies sauvages sur l'Oued-Kébir ou dans la plaine, mais ces rencontres sont très peu fréquentes. Quant aux cygnes nous n'avons jamais entendu dire qu'on en ait aperçu.

III. — **Reptiles.** — Chéloniens. — La tortue de terre et la tortue d'eau douce sont très communes toutes deux. La dernière se rencontre principalement dans les cours d'eau qui arrosent la plaine de Tabarka et celle de Fernana.

Sauriens. — Les lézards se trouvent aussi en très grand nombre, aussi bien les gris que les verts. Ces derniers ont quelquefois dans la montagne des dimensions tout à fait inusitées ; on en voit de 30 et même de 40 centimètres.

Ophidiens. — Les serpents sont peu nombreux en Khroumirie, en raison de la température moins chaude de cette région. Ils se réduisent à des couleuvres (couleuvre commune et couleuvre à collier) et à quelques individus assez rares de l'espèce vipère (vipère commune de France) ; la vipère à corne est inconnue dans la région.

IV. — **Batraciens**. — Le crapaud ordinaire est très commun dans la montagne aussi bien que dans la plaine ; il est parfois de très grande taille. On trouve la grenouille dans les oueds et les marais des plaines ; ces grenouilles deviennent parfois très grosses (de 80 à 100 grammes) et sont comestibles tout comme celles de France.

V. — **Poissons**. — Les poissons se rencontrent dans tous les cours d'eau des plaines et même de la montagne ; ils sont particulièrement nombreux dans l'Oued-Kébir. Ils se réduisent à deux espèces, les barbeaux et les anguilles. Ces dernières ne se trouvent guère que dans l'Oued-Kébir, où on peut en prendre de grandes quantités. Seulement, barbeaux ou anguilles vivant dans une eau vaseuse et souvent stagnante, ont une chair molle et flasque qui, tout en étant à la rigueur mangeable, présente un détestable goût de vase. Quant aux poissons de mer qu'on prend sur la côte de Tabarka, nous n'avons pas à les décrire ici. Disons seulement que les sardines et les anchois sont en cet endroit très abondants, et que pendant toute la belle saison une grande quantité de pêcheurs siciliens viennent s'établir à Tabarka, où ils prennent et salent, pour les expédier en Italie, des masses de sardines.

VI. — **Insectes.** — Nous nous contenterons, étant donné le cadre restreint de cet ouvrage, de parler des principaux insectes qui peuvent être nuisibles ou utiles, sans énoncer et décrire tous les représentants de cet ordre qu'on peut trouver dans le pays.

Les *coléoptères* sont très nombreux et très variés ; les principales variétés qu'on rencontre appartiennent aux coléoptères pentamères. Les scarabées et scarabéides sont très communs. Les hannetons n'existent pas, mais ils sont remplacés par le scarabée dit rhinocéros, qu'on voit pendant l'été en quantités innombrables et dont la larve cause dans les jardins beaucoup de dégâts, tout comme la larve du hanneton de France. Les carabes bruns et dorés, les cétoines, les lampyres, le grand et le petit bousier, etc., se rencontrent également pendant la belle saison.

Les insectes vésicants (coléoptères hétéromères) se rencontrent quelquefois en grand nombre sur les frênes (cantharidés). Les coléoptères trimères ont de nombreux représentants, sur lesquels nous n'avons rien à dire de particulier.

Les *Orthoptères*, soit coureurs, soit surtout sauteurs, pullulent littéralement. Signalons, en particulier, les blattes et les mantes religieuses qu'on rencontre communément. Quant aux sauterelles, elles sont représentées par toutes leurs espèces ou à peu près, et chaque année on en voit pendant l'été d'innombrables quantités. En outre, un fléau qui vient parfois frapper la Khroumirie (en particulier en 1891) est l'invasion des sauterelles et des criquets pèlerins, dont les colonnes ont souvent plusieurs lieues de longueur et qui, par leur passage dans les vignes et les récoltes, produisent absolument l'effet d'un incendie ; tout est détruit, même l'écorce des petits arbres. L'invasion est parfois telle que, malgré les appareils cypriotes et un grand nombre de travailleurs, il est très difficile d'opérer une préservation efficace. La courtilière, ce fléau de nos jardins, n'est pas commune en Khroumirie.

Les *Hémiptères* (punaise des bois et punaise commune) se voient fréquemment, ainsi que certains névroptères (libellules de diverses espèces).

Les *Hyménoptères* sont largement représentés. Tout d'abord on trouve en Khroumirie le plus utile de tous, l'abeille, dont certains indigènes pratiquent l'élevage et qui vit aussi à l'état sauvage. L'essaim, dans ce cas, fait choix d'un arbre creux pour y établir domicile. Le miel distillé par les abeilles de Khroumirie est fort bon et vaut certainement le meilleur miel de France.

Les guêpes, bourdons, etc., sont très communs, ainsi que les fourmis dont les espèces habitant la Khroumirie sont nombreuses.

Les *Lépidoptères*, plus nombreux dans la montagne pendant la belle saison que dans les plaines avoisinantes, appartiennent presque tous à des espèces connues dans le midi de la France. Parmi les lépidoptères diurnes, les satyres, les piérides, les vanesses surtout sont en grande quantité. Comme papillons diurnes propres au pays, nous n'y avons vu que deux espèces, l'une se rattachant aux vanesses dont les individus, assez rares du reste, sont de très grande taille et tiennent le milieu entre la vanesse paon de jour et la vanesse morio, et l'autre se rapprochant des argines, sans présenter toutefois de plaques nacrées sous les ailes inférieures ; leur teinte générale est fauve à reflets verdâtres et piquetée de points noirs.

Quant aux papillons nocturnes, tous appartiennent à des espèces connues dans le midi de la France (sphinx, bombyx, lichénées, etc.).

Les *Diptères* sont malheureusement très représentés aussi en Khroumirie, et, si, dans la montagne, les mouches sont innombrables et insupportables, en revanche, dans la plaine et près des oueds, les cousins et les moustiques viennent pendant les nuits troubler le sommeil déjà si difficile à obtenir.

Les taons, les œstres, etc., sont également très nombreux.

VII. **Myriapodes et arachnides.** — Les scolopendres sont communs ; on trouve aussi beaucoup d'araignées, dont quelques-unes de forte taille, mais dont la morsure n'est pas dangereuse. Le seul représentant des arachnides réellement nuisible en Khroumirie est le scorpion, qui n'est pas très commun, mais qu'on trouve quelquefois dans les lieux sombres et humides, sous les pierres notamment ; aussi les ouvriers carriers sont-ils souvent piqués. Les accidents produits par cette piqûre sont en général assez bénins, surtout si on a pu cautériser à temps avec l'acide phénique.

VIII. **Crustacés.** — Les crustacés maritimes, dont nous n'avons pas à nous occuper, sont pêchés sur la côte aux environs de Tabarka ; les homards et les langoustes atteignent de grandes tailles. Quant aux crustacés d'eau douce, ils se bornent à quelques petits crabes qu'on trouve dans les oueds de la plaine et de la montagne. Les écrevisses sont inconnues en Khroumirie.

IX. **Annélides.** — Les seules annélides utiles et dont nous ayons à parler sont en Khroumirie les sangsues officinales et médicinales, dont les deux espèces se rencontrent dans les mares, dans beaucoup de sources de la montagne, et aussi dans certaines parties des cours d'eau de la plaine. Etant donnée la difficulté des communications et l'absence de pharmacie, il y a là pour le médecin une indication utile, car, sans se déranger beaucoup, il peut trouver aux environs de Tabarka les sangsues dont il pourrait avoir besoin.

B. — FLORE.

Comme nous l'avons fait pour les animaux, nous nous bornerons ici à indiquer les végétaux les plus habituels qui croissent à l'état naturel en Khroumirie. Nous indiquerons seulement pour chacun d'eux par quelques mots les particularités qu'il peut présenter, son utilité ou ses inconvénients et les terrains où la plante se trouve de préférence. Quant aux autres plantes cultivées ou cultivables, qu'elles proviennent du pays ou qu'elles y aient été importées, nous nous réservons de les étudier en détail dans la seconde partie de ce livre.

Nous diviserons l'étude des plantes indigènes en deux paragraphes : d'abord l'étude des plantes ligneuses, arbres ou arbrisseaux, puis celle des plantes herbacées.

I. **Flore ligneuse.** — Arbres et arbrisseaux des forêts et des brousses de la Khroumirie.

Les *Clématites* sont assez communes dans la plaine de Fernana et rares dans les montagnes.

Le *Câprier épineux* se trouve surtout dans la plaine de Tabarka.

Le *Cyste* et l'*Hélianthème* se rencontrent un peu partout.

Les *Tamarix de France et d'Afrique* sont très communs sur les bords de tous les oueds ; on les trouve en plus grande quantité aux abords de la plaine de Tabarka. Ces arbres atteignent parfois un développement assez considérable.

L'*Androsème* officinal et le *Lavatère* d'Hyères se trouvent dans les lieux humides des forêts.

La *Vigne* est très fréquente à l'état sauvage dans les montagnes khroumires ; on la trouve surtout sur les pentes exposées au midi ; elle atteint souvent un grand développement, car nous avons vu des ceps gros comme le bras et même comme le mollet d'un homme ; ces ceps prennent presque tous naissance près d'un grand arbre (chêne liège, chêne zeen ou olivier), autour duquel la vigne s'enlace et grimpe en s'entremêlant aux branches jusqu'au sommet de l'arbre. Les raisins sauvages produits par cette vigne sont de petite taille, la graine en est noire, plus petite que celle du raisin cultivé, moins sucrée, mais ayant néanmoins un goût agréable.

Ce raisin est parfaitement comestible et les indigènes le récoltent.

Les *Rues* à bractées et à feuilles étroites se trouvent dans les broussailles.

Le *Citronnier* et l'*Oranger* ne se voient que dans quelques parties de la plaine de Tabarka, et encore y sont-ils rares ; ils se trouvent alors sur l'emplacement d'anciens jardins où ils avaient été plantés autrefois. On ne les voit nulle part à l'état complètement sauvage.

Le *Houx* commun se voit, bien qu'étant assez rare, dans la forêt aux environs d'Aïn-Draham.

Le *Nerprun* est commun dans la brousse.

Le *Pistachier lentisque* est très commun ; il constitue dans la broussaille d'énormes buissons parfois très élevés.

Le *Genêt* à feuilles d'ajonc et le genêt à trois pointes sont très communs dans la forêt et dans la brousse.

Le *Genêt féroce* se rencontre de préférence dans les broussailles fraîches.

Le *Calycotone à fruit velu* est assez commun en tous lieux.

Le *Cytise à trois fleurs* se trouve dans le sous-bois des massifs de chênes zeen.

La *Bugrane hérissée* est assez fréquente dans les forêts.

L'*Acacia* et le *Robinier* se naturalisent facilement.

Le *Caroubier à siliques*. On en trouve quelques exemplaires près de Tabarka, où, selon toute vraisemblance, ils ont été plantés autrefois de main d'homme. Ces arbres atteignent parfois un très grand développement ; il en est un à Tabarka qui a environ 1 mètre 20 de diamètre. Les feuilles et les fruits de cet arbre forment un aliment très recherché pour les chevaux, les bœux et les chèvres.

L'*Amandier* et le *Pêcher commun* n'existent pas, à proprement parler, à l'état sauvage ; cependant dans les plaines on trouve quelques sujets sur les emplacements de jardins maintenant abandonnés et où on les avait plantés autrefois.

Le *Mérisier* existe à l'état sauvage ; on le rencontre fréquemment sur le bord des ravins, il atteint un assez grand développement ; ses fruits sont comestibles.

L'*Aubépine* commune est très fréquente dans la montagne, où on la rencontre sous la forme de gros buissons et même d'arbustes atteignant parfois une grande dimension.

Le *Grenadier commun* existe çà et là, mais assez rare sur l'emplacement probable d'anciens jardins. Les fruits produits par ces sujets revenus, pour ainsi dire, à l'état sauvage sont beaucoup plus petits que ceux des grenadiers cultivés.

Le *Myrte commun* se trouve en abondance dans toute la montagne et constitue à lui seul d'énormes étendues de brousse. Le feuillage de cet arbuste est employé par les Khroumirs, ainsi que nous l'avons déjà dit, pour garnir la fosse, lorsqu'ils inhument un des leurs. Les baies en sont aussi comestibles pour les Arabes.

La *Ronce frutescente*, excessivement commune dans la forêt, où elle forme souvent des fourrés impénétrables.

Le *Rosier canin des haies,* assez commun dans les lieux frais et les bois.

Le *Cactus* ou *figuier de Barbarie*, d'abord planté de main d'homme, a fini par se naturaliser, et on le rencontre à l'état sauvage en maints endroits, et jamais isolé, mais formant toujours des groupes plus ou moins importants. Non seulement les indigènes se nourrissent de son fruit, qui cependant n'est pas très agréable au goût, mais ils se servent encore du cactus pour enclore leurs champs et leurs jardins. Cette plante, grâce aux épines acérées dont ses feuilles sont garnies, constitue une excellent clôture, ne demandant aucun soin, car le cactus est très vivace et s'étend avec une grande rapidité. Les chameaux sont friands de ses feuilles, malgré leurs épines.

Le *Lierre* est très commun dans les forêts de la montagne ; il devient quelquefois très gros et s'attache de préférence au chêne zeen.

Le *Chèvrefeuille* est assez commun dans la montagne.

L'*Arbousier* est très commun en certains endroits de la brousse montagneuse; on ne le trouve guère aux abords de la plaine. Son fruit qu'on récolte en décembre est comestible et très apprécié des indigènes et même des Européens (confiture d'arbouse).

La *Bruyère en arbre*, très commune sur la montagne où elle constitue des massifs entiers de brousse ; la principale variété de bruyère qu'on rencontre en Khroumirie est la bruyère blanche arborescente, qui atteint parfois jusqu'à 6 mètres de haut, et qui non seulement est utilisée comme bois de chauffage (on en fait d'excellents fagots, car elle est très inflammable), mais encore pour fabriquer des haies artificielles et diverses clôtures.

La *Bruyère à balais* et la *Bruyère multicolore* se trouvent également dans la broussaille, mais elles sont moins communes que la précédente.

Le *Sureau noir* se rencontre çà et là dans la montagne.

La *Viorne* se trouve dans les bois et les broussailles.

Le *Frêne méridional* se trouve dans les lieux frais et surtout sur le bord des oueds, où il atteint d'assez grandes dimensions.

L'*Olivier* est très répandu, on le trouve un peu partout ; il produit même, sans être cultivé, des olives dont les Khroumirs tirent une huile excellente. C'est un des arbres les plus utiles aux indigènes.

Le *Laurier-rose* est très commun, mais seulement dans le voisinage et surtout sur les rives des cours d'eau de la plaine : il atteint parfois 5 à 6 mètres de haut.

Le *Lyciet méditerranéen* se rencontre dans les broussailles.

Le *Datura*, assez rare ; on en voit quelques exemplaires dans la plaine de Tabarka.

La *Lavande* est très commune et se trouve en abondance dans la brousse sous forme d'arbrisseaux.

Le *Thym de Numidie* et le *Thym en tête* sont assez répandus dans la montagne.

Le *Romarin*, assez rare, se voit aux abords des forêts.

La *Germandrée arbrisseau* et la *Germandrée jaune* sont fréquentes dans la broussaille.

Le *Gatillier agnus cactus*, assez rare, se trouve seulement aux environs de Tabarka.

La *Soude à longue feuille*, commune aux environs de Tabarka.

Le *Garou* se voit fréquemment dans la brousse.

Le *Laurier noble*, peu commun, se rencontre parfois dans les lieux frais des forêts.

Le *Ricin commun*, d'abord planté de main d'homme, s'est naturalisé et se rencontre çà et là à l'état sauvage, à Tabarka.

L'*Euphorbe en arbre* se rencontre çà et là, assez rare.

L'*Orme* se trouve dans les ravins et au bord des oueds ; il devient parfois très gros.

Le *Micocoulier*, assez fréquent dans les forêts de la montagne.

Le *Figuier commun*, d'abord cultivé, se trouve maintenant à l'état sauvage en maints endroits, sur l'emplacement d'anciens jardins ou de douars, sur la montagne aussi bien que dans la plaine. Les figues produites par les figuiers de la montagne sont plus petites et moins savoureuses que celles des figuiers de la plaine, ce qui tient à la différence de température entre les deux régions.

Le *Mûrier blanc* s'est naturalisé comme le figuier ; on en trouve quelques-uns aux environs de Tabarka ; il en est de même du mûrier noir.

Le *Châtaignier* est rare et se rencontre seulement dans les forêts des environs d'Aïn-Draham, où du reste il atteint d'assez grandes dimensions. Les fruits, bien que petits, sont comestibles.

Le *Chêne zeen*. Très abondant dans la montagne où il constitue des massifs entiers, il ne se voit jamais en plaine. C'est le plus beau et le plus grand des arbres des forêts khroumires. Son tronc, haut et droit comme un mât de vaisseau, a parfois à sa base plus d'un mètre de diamètre ; sa hauteur dépasse celle des plus beaux chênes de France, et ce n'est que vers le sommet de l'arbre que les branches s'étalent en largeur. Son feuillage est, au printemps surtout, d'un vert éclatant. Il sert souvent de tuteur au lierre ou à la vigne sauvage, et on voit sur ses maîtresses branches pousser beaucoup de mousse et de petites fougères. Employé comme bois de charpente, cet arbre est des plus utiles, et, si les poutres qu'on en tire sont d'une extrême dureté et assez difficiles à travailler, en revanche, le temps et les intempéries ont peu de prise sur elles. C'est aussi un excellent bois de chauffage. Les forêts des environs d'Aïn-Draham et de Tabarka ont déjà beaucoup changé d'aspect, étant donné le déboisement considérable qu'on fait de ces chênes zeen et la grande quantité qu'on en abat tous les ans.

Le Chêne kermès est un arbuste formant parfois des buissons très fourrés ; il ne se rencontre pas dans la montagne, mais seulement sur les dunes broussailleuses qui avoisinent Tabarka.

Le *Chêne liège*. Cet arbre constitue la principale richesse forestière de la Khroumirie, et ce n'est qu'après 1881 qu'on en a commencé l'exploitation. Des démasclages ont été pratiqués sur une grande échelle, et on va sous peu (1892) commencer à récolter le véritable liège. De plus, on extrait encore de cet arbre le tanin, ce qui donne lieu à un mouvement commercial important pendant toute la belle saison. C'est par Tabarka que se font ces expéditions, et des navires assez nombreux vont et viennent de Tabarka à divers points de l'Europe et surtout en Italie. Le bois de chêne liège est de plus excellent pour le chauffage, mais il ne donne lieu de ce côté à aucun commerce, vu la difficulté de transports, si ce n'est à celui qu'a fait naître la fabrication du charbon qui s'est développée depuis l'installation des Européens en Khroumirie.

De plus, les glands servent à beaucoup d'Européens pour l'élevage en grand des cochons. Le chêne liège se trouve en abondance dans toute la montagne, dont il constitue les forêts presque à lui seul ; on ne le rencontre pas en plaine.

Par malheur, des incendies fréquents, presque toujours dus à la malveillance, viennent chaque été détruire une partie des forêts. En 1890 notamment, les ravages ont été considérables tout le long de la frontière.

Le *Saule pourpre* et le *Saule pedicellata* se trouvent dans le lit des oueds, dans la montagne comme dans la plaine, mais ils ne sont pas très communs.

Il en est de même du *Peuplier blanc* ou *blanc de Hollande* et du *Peuplier noir*, qui se rencontrent aussi au bord des cours d'eau, mais seulement en plaine.

L'*Aune glutineux* est assez commun près des oueds, il atteint parfois une grande taille.

Le *Pin maritime* n'existe en Khroumirie qu'en un seul point, sur le territoire forestier situé entre Tabarka et Baba-Brick, où ces arbres forment en cet endroit plusieurs groupes considérables. Plusieurs de ces pins sont de grande taille ; malheureusement une grande partie d'entre eux a disparu dans l'incendie de 1890.

Le *Noisetier* est assez rare, cependant on en trouve quelques-uns produisant de très bonnes noisettes, au fond de certains ravins qui avoisinent le poste d'Aïn-Draham.

Le *Genévrier* se rencontre, çà et là, dans les dunes broussailleuses de Tabarka.

Le *Tuya* se voit aussi sur les coteaux qui avoisinent cette même localité, mais il y est rare.

Le *Palmier nain* se trouve dans la même région en grande quantité, parmi les broussailles qui croissent sur les dunes. Il est inconnu dans la montagne.

Le *Palmier dattier* est très rare en Khroumirie, on en voit seulement quelques maigres exemplaires, çà et là, dans la plaine. La température est trop froide pour cet arbre qui ne porte pas de fruits mangeables dans la région.

L'*Asperge blanche* se trouve assez communément dans la brousse, un peu en tous lieux.

Le *Fragon hypophylle* est très rare, on n'en trouve quelques-uns que dans les rochers ou les ravins escarpés de la montagne.

La *Salsepareille rude* se voit fréquemment dans la brousse et les haies.

II. **Flore herbacée.** — Nous ne pouvons, comme précédemment, citer ici que certaines plantes les plus connues croissant à l'état sauvage. De ce côté, du reste, la flore de la Khroumirie n'est pas très riche et se rapproche de celle des parties élevées du midi et de l'ouest de la France.

La *Scrofulaire des chiens* est commune dans toute la montagne, et fleurit au printemps. On la trouve aux mêmes endroits que la *Bourrache*, très répandue aussi.

La *Scille*, très commune, se rencontre un peu partout et atteint de grandes dimensions.

L'*Asphodèle* est une des plantes les plus répandues; on la rencontre surtout dans le voisinage des plaines et dans ces plaines elles-mêmes elle est encore plus commune.

Dans celle de Tabarka notamment, elle forme de véritables champs.

La *petite Centaurée*, très commune un peu partout.

La *Minette*, très répandue ; elle constitue dans la plaine et la montagne de vraies prairies.

Le *Sainfoin* pousse en abondance aux environs d'Aïn-Draham. Les Européens le fauchent pour la nourriture des chevaux.

Les *Trifoliacées* sont très répandues.

L'*Avoine* croît à l'état sauvage dans la montagne et surtout près d'Aïn-Draham.

L'*Orge des murailles*, très répandue à Aïn-Draham et à Tabarka.

Le *Lin* se rencontre parfois çà et là, mais toujours en petite quantité à la fois.

La *Mauve* (grande et petite), très répandue surtout à Tabarka et dans les environs de ce poste, où elle couvre d'assez grands espaces de terrain.

Les *Chardons* sont représentés avec une abondance excessive et sous toutes leurs variétés, dans la montagne comme dans la plaine. Ils forment parfois des champs entiers, poussent avec les autres herbages, de sorte que la qualité du foin fauché s'en ressent toujours. Certaines espèces de chardons atteignent de grandes dimensions ; on en voit près d'Aïn-Draham qui ont une hauteur de 10 à 12 pieds. On emploie quelquefois les jeunes feuilles comme comestible en guise de cardons.

La *Violette* se trouve en grande quantité dans les ravins humides et les vallées, dès le mois de février.

La *Marguerite* se rencontre aussi en abondance et sous diverses espèces.

La *Carotte sauvage*, très commune en tous lieux.

La *Patience* est également très répandue.

La *Doucette* se trouve partout en Khroumirie et atteint parfois de grandes dimensions.

L'*Euphorbe*. On en trouve plusieurs variétés dans les bois, les champs et sur le bord des chemins.

Le *Pissenlit*, très répandu dans les endroits humides, ainsi que la *Renoncule*.

La *Menthe poivrée*, commune dans les endroits humides de la plaine et de la montagne.

L'*Hièble* se rencontre dans la plaine de Tabarka.

La *Jusquiame*, très commune sur l'emplacement des ruines et dans les jardins, se trouve en grande quantité à Tabarka.

La *Vipérine* se rencontre fréquemment dans les prairies, mais elle n'atteint pas les dimensions de la vipérine de France.

L'*Aigremoine* se voit assez souvent au bord des haies et des fossés, dans les terrains humides.

La *Véronique*, est très commune, principalement la variété Veronica chamœdrys ; elle se rencontre un peu partout.

La *Primevère* est très fréquente dans les bois.

La *Moutarde noire* se trouve dans tous les champs et les endroits découverts.

Le *Réséda grandiflora*, très commun, atteint de grandes dimensions à Tabarka.

Le *Glaïeul* se trouve sur le bord des fossés humides, dans la montagne.

La *Chicorée sauvage*, très répandue un peu partout.

Le *Fumeterre commun* se voit dans les champs cultivés et les jardins.

Le *Géranium* se rencontre sous plusieurs variétés, surtout à Tabarka.

Le *Pélargonium* (vulgairement géranium). D'abord planté de main d'homme, s'est ensuite naturalisé ; on trouve à Tabarka le rouge comme le rose, atteignant parfois de grandes dimensions.

Le *Pavot* des champs, assez commun dans la plaine.

La *Pariétaire* se trouve fréquemment sur les vieux murs, à Tabarka.

Le *Cyclamen* se trouve dans tous les massifs boisés.

Le *Petit Mélilot* se voit souvent dans les champs cultivés.

La *Raiponce*, excessivement commune à Aïn-Draham.

Le *Sedum* se rencontre sur les rochers.

La *Garance* se trouve à l'état sauvage sur le bord des haies.

Le *Liseron* des champs est très fréquent dans la montagne.

Le *Thapsia*, assez rare à Aïn-Draham, mais très commun à Tabarka.

Le *Fenouil* se voit fréquemment dans la plaine, dans les endroits non cultivés.

La *Flouve adorante* se rencontre souvent dans la montagne et dans la plaine, elle communique une bonne odeur aux foins.

La *Ciguë* est très répandue partout.

L'*Ortie* est commune à Aïn-Draham et surtout à Tabarka.

Le *Diss* se rencontre principalement sur les coteaux calcaires, aux environs d'Aïn-Draham.

L'*Ivraie*, très commune dans les champs.

Les *Prêles* (équisétacées) se voient dans beaucoup d'endroits humides.

Les *Fougères* sont bien représentées en Khroumirie, on en voit en grande quantité dans la forêt et sur les plateaux humides de la montagne, où on trouve la *fougère mâle* et l'*osmonde royale*, dans les ravins et les lieux humides. La *fougère femelle* se voit dans toute la forêt et sur les plateaux humides ; elle est excessivement répandue ; la *scolopendre* et le *capillaire* se trouvent dans les ravins et les rochers humides de la montagne.

Les *Mousses* sont communes sur le sol et les arbres.

Les *Lichens*, excessivement répandus sur les arbres et sur les rochers.

Les *Algues* se voient fréquemment sur les eaux stagnantes.

Les *Champignons* sont assez bien représentés, on en trouve même beaucoup de comestibles ; ils sont du reste à peu près les mêmes que ceux de France. Nous rencontrons : le *Cep au Bolet* comestible, dans beaucoup d'endroits de la forêt ; il est aussi savoureux que celui de France.

L'*Oronge vraie*, assez rare, se voit près d'Aïn-Draham.

Le *Champignon rose* ou *Agaric commun*, analogue au champignon de couche, se trouve en abondance dans toute la contrée, sur tous les endroits non cultivés.

L'*Agaric blanc* et *gris* des prairies et des bois se voit fréquemment.

La *Morille* est excessivement rare.

La *Barbe de Capucin* se trouve sous les futaies de chênes zeen.

On voit aussi sur les chênes des agarics volumineux et en grande quantité.

Nous terminerons là ce court énoncé des principales plantes de la Khroumirie, et nous laissons à un botaniste le soin de publier en détail la flore de ce pays.

FIN DE LA PREMIÈRE PARTIE.

DEUXIÈME PARTIE

AGRICULTURE — COLONISATION

AGRICULTURE

Dans la première partie de cet ouvrage, nous avons vu que la Khroumirie est très montagneuse et en grande partie recouverte de forêts, que les plaines y sont rares, et par suite que le pays est peu propice aux grands établissements agricoles. Cependant nous verrons, par la suite, que cette région est susceptible de produire beaucoup et d'être améliorée. Son climat est très tempéré, très sain, surtout dans les parties élevées ; les pluies sont suffisamment abondantes, pendant une grande partie de l'année, pour assurer presque toujours les récoltes.

Nous traiterons très brièvement, dans la deuxième partie de cet ouvrage, des plantes potagères, fourragères, céréales, industrielles, des arbres forestiers et des arbres fruitiers.

En préparant ce travail, nous n'avons pas eu la prétention d'écrire un traité complet sur les plantes énumérées plus haut, nous voulons tout simplement donner les résultats de nos expériences personnelles, ainsi que les résultats obtenus par d'autres que nous avons pu voir et apprécier dans le pays. Ceux que nous avons obtenus nous-mêmes proviennent d'un jardin d'expériences que l'un de nous, M. Boutineau, a créé à Aïn-Draham, sous le patronage et avec les subsides de MM. les généraux Saint-Marc et Swiney, commandant la brigade d'occupation de Tunisie, et de MM. Charles et Bourde, directeurs de l'Agriculture à Tunis. Nous sommes heureux de leur exprimer ici nos remerciements pour le bienveillant concours qu'ils nous ont prêté.

Sol arable. — Nous avons vu, dans la première partie de cet ouvrage, que le sol des vallées compris entre les divers chaînons de la montagne, c'est-à-dire toute la partie cultivée et cultivable, était de formation quaternaire et que la montagne elle-même était de formation tertiaire éocène et constituée par des grès supranummulithiques. Quant au sol arable, celui qui est remué et cultivé, et qui est imprégné par l'air atmosphérique, et enfin où se développent les racines, il comprend, pour ainsi dire, deux sortes de terres :

1° Terres argilo-siliceuses ;

2° Terres argilo-siliceuses humifères.

1° *Sol argilo-siliceux.* — Ce sol est assez fertile, c'est le plus répandu en Khroumirie ; on le rencontre dans les plaines, dans les vallées et sur les flancs de la montagne. Sa composition varie légèrement selon qu'on le prend dans la montagne ou dans la plaine.

A. — ANALYSE D'UNE TERRE ARGILO-SILICEUSE DE LA MONTAGNE SITUÉE A AÏN-DRAHAM, DANS LE JARDIN D'ESSAI.

Gros sable (déduction faite des grosses pierres).	71	gr. 50	pour 1 kilo de terre sèche.
Sable fin siliceux (procédé Masure).	422	12	—
Impalpable (argile, matières, terres non solubles et matières organiques insolubles).	529	30	—
Matières solubles (eau et acides faibles). . .	35	80	—
Effervescence avec les acides.		très faible	
Acide phosphorique.	1	gr. 36	pour 1,000
Potasse.	3	20	—
Chaux.	5	20	—
Soude.	0	15	—
Azote.	2	43	—

Cette analyse sommaire montre que les principes fertilisants (acide phosphorique, potasse, chaux, azote) sont dans des proportions suffisantes pour permettre la culture des céréales et d'un grand nombre d'autres plantes ; la chaux seule se trouve en trop faible quantité. Ces terres sont assez faciles à labourer au printemps et à l'automne ; il n'y a souvent qu'un inconvénient, la présence de gros blocs de pierres de grès ou des pentes trop raides. En somme, terres cultivables, suffisamment fertiles, et qui retiennent assez bien l'humidité pendant la sécheresse.

B. — ANALYSE DE LA PLAINE DE TABARKA.

Gros sable.	13 gr.	»	pour 1000
Sable fin siliceux.	346		
Impalpable.	584	15	
Matières solubles.	58	85	
Matières organiques.	55	»	
Effervescence avec les acides.	notable.		
Acide phosphorique.	1 gr.	5	
Potasse.	2	22	
Chaux.	20	»	
Soude.	0	31	
Azote.	2	38	

Les résultats de l'analyse ci-dessus montrent que la terre de la plaine de Tabarka est d'assez bonne composition; les principes fertilisants sont dans des proportions telles que l'on peut faire presque toutes les cultures sans qu'il y ait pour l'instant besoin d'y ajouter beaucoup d'engrais. Les labours sont faciles au printemps et à l'automne, si on a soin de profiter des moments favorables ; on n'y rencontre que très rarement de grosses pierres.

2° *Sol argilo-siliceux humifère* (terre de bruyère). — Il est très répandu, constitue presque tout le sol de la forêt ; il est presque partout d'une couleur brun noir très prononcée.

ANALYSE D'UNE TERRE DE BRUYÈRE DE LA FORÊT PRÈS D'AÏN-DRAHAM.

Gros sable.	82 gr.	»	pour 1000
Sable fin.	608	75	
Impalpable.	296		
Matières solubles.	20	90	
Matières organiques.	102	06	
Effervescence avec les acides.	nulle.		
Acide phosphorique.	1	20	
Potasse.	4	86	
Chaux.	0	06	
Soude.	0	12	
Azote.	2	06	

La composition de cette terre nous montre qu'elle est peu propice à la culture des céréales et de beaucoup de plantes de grande culture ; elle est presque totalement dépourvue de calcaire et sa grande quantité de sable fait que, pendant l'été, elle se dessèche avec la plus grande facilité, même malgré sa forte proportion d'humus.

PLANTES POTAGÈRES.

Culture maraîchère. — La culture maraîchère est presque nulle ; les Arabes khroumirs n'ont pas de jardins potagers, ils ne cultivent que des melons et des pastèques, très rarement des oignons, des navets et des carottes. On ne trouve de jardins, et encore en fort petit nombre, qu'aux environs d'Aïn-Draham et de Tabarka. Ces jardins sont principalement cultivés par la garnison ou par des colons maltais, italiens, espagnols et quelquefois français. Dans ces jardins, on ne trouve que des légumes vulgaires et seulement en petite quantité. Nous avons du reste remarqué qu'en Tunisie, même aux abords des grandes villes, la culture maraîchère est très mal faite ; sur les marchés et dans les jardins, on ne voit que des légumes communs et de qualité médiocre. Cette culture n'est du reste, la plupart du temps, faite que par des Arabes, Maltais, Italiens, lesquels ne suivent que la routine.

Nous avons observé que les époques des semailles et de végétation n'étaient pas les mêmes sur les hauts plateaux et les plaines. A ce point de vue, Aïn-Draham retarde sur Tabarka d'environ quatre semaines, la différence d'altitude étant de 750 mètres, et la différence thermométrique de 4 degrés, ce qui fait qu'au fur et à mesure que l'on s'élève de 200 mètres, il faut retarder les époques des semailles d'une semaine, au printemps.

Nous donnerons, dans le cours de ce travail, les époques des semailles pour Aïn-Draham ; pour savoir à quelle époque il faudra faire un semis à Tabarka, il suffira d'avancer la date de quatre semaines, quand il s'agira des semailles de printemps ; pour les semailles d'automne, les époques sont sensiblement les mêmes. Du reste, toutes les fois qu'il y aura une exception à cette règle, nous aurons soin de la signaler.

Ail (Allium sativum). — L'ail se plante par gousses (bulbe ou caïeux) en novembre ou avril, se récolte au mois de juin. A Tabarka, on peut le planter de novembre à février. On plante l'ail dans une terre riche, meuble et saine, à quatre centimètres de profondeur et à 15 ou 20 centimètres de distance; il n'est pas généralement nécessaire de l'arroser dans le cours de sa végétation. Lorsque les feuilles de la plante commencent à jaunir, on couche la tige sur terre ou on la noue de façon à favoriser le développement des bulbes, et on arrache les oignons lorsque ces tiges sont complètement fanées.

L'ail commun donne généralement de bons résultats.

Artichaut (Cynara scolymus). — L'artichaut se plante au moyen d'œilletons pris sur les vieux pieds au mois de novembre ou fin mars-avril, dans une terre bien fumée et profonde ; pour Tabarka, il est préférable de repiquer en novembre. La récolte se fait à Aïn-Draham de fin mai à juillet, à Tabarka de mi-mars à fin mai. Pendant l'été, les tiges se dessèchent et repoussent aux premières pluies d'automne; aux mois d'octobre, de novembre, on bine, on casse les vieilles tiges desséchées et on fume les pieds d'artichaut.

Nous avons reproduit aussi l'artichaut au moyen de graines semées en avril; l'année suivante, nous avons eu des artichauts aussi beaux que ceux qu'on obtient au moyen d'œilletons.

L'artichaut vient à merveille en Khroumirie, et pour ainsi dire sans soins ; du reste, il se trouve à l'état sauvage dans presque toute la région.

Les espèces artichaut vert de Provence, artichaut violet de Provence, artichaut camus de Bretagne, nous ont donné d'excellents résultats.

Asperge (Asparagus officinalis L.). — L'asperge se rencontre à l'état sauvage dans presque toute la Tunisie; par la culture elle s'améliore et perd son goût amer, les turions deviennent blancs et plus gros. Nous avons importé l'asperge cultivée à Aïn-Draham et nous avons remarqué qu'elle poussait à merveille, presque sans soin et sans arrosage.

Nous avons créé nos carrés d'asperge en faisant nous-mêmes

nos semis, l'achat des griffes d'asperges étant presque impossible en Tunisie. Cette culture est fort peu étendue, même à Tunis, où il est très rare de trouver une botte d'asperges au marché, et encore faut-il la payer 3 et 4 francs.

Les semis d'asperges se font fin septembre, ou mieux dans la première quinzaine d'avril, sur un terrain bien fumé et bien ameubli. On sème par rayons espacés de 15 à 20 centimètres et de 5 à 6 centimètres de profondeur, en écartant de 5 centimètres les graines associées par deux et trois ; ensuite on recouvre les rigoles de terreau ou de terre meuble et substantielle. Les semis devront être arrosés en été au moins une fois tous les 10 jours. On aura soin de biner et de sarcler de temps en temps et de couvrir, l'hiver, de fumier frais sur une épaisseur de 5 à 6 centimètres, après avoir coupé les vieilles tiges. L'année suivante, les plants ainsi obtenus sont bons pour la plantation.

Dans les premiers jours de mars, par une belle journée, on ouvre des fossés de 40 centimètres de largeur sur autant de profondeur, espacés d'un mètre les uns des autres. On garnit le fond du fossé de fumier consommé sur une épaisseur de 3 à 4 centimètres et on bêche légèrement.

Pour procéder à la plantation de la griffe, on forme au fond du fossé de petits monticules de terre, disposés en cône, de 70 en 70 centimètres, on place ensuite sur chaque cône une griffe dont les racines écartées doivent être légèrement tassées à leurs extrémités pour les faire adhérer au sol, on les recouvre de terre fine de façon à combler le fossé. Des sarclages et des binages sont les seuls soins à donner jusqu'à l'automne. Avant l'hiver, lorsque les tiges commencent à jaunir, on les coupe, on fume copieusement et on laboure à 20 centimètres de profondeur. Toutes les années, à la fin de novembre, on devra répéter cette opération, l'asperge demandant beaucoup d'engrais. (On ne devra cueillir les asperges qu'à la quatrième année.)

Les différentes variétés d'asperges viennent très facilement en Khroumirie.

Aubergine (Solanum melongena L.). — L'aubergine se sème en mars sous châssis et se plante en mai ; les fruits mûrissent en août, septembre, octobre, novembre. La plante est annuelle à Aïn-Draham ; pour bien la faire pousser, il suffit de la planter dans un terrain bien fumé et de l'arroser copieusement une fois par semaine en été.

La variété qui mérite la préférence est la violette longue.

Betteraves à salade (Beta vulgaris L.). — La betterave se reproduit par graines semées en pépinière en avril, puis repiquées en juin. On peut aussi la semer directement sur place ; mais, dans le premier cas, les racines viennent généralement plus grosses.

La culture de la betterave est des plus faciles, il suffit de la mettre dans un terrain bien bêché et bien fumé et de repiquer un jour de pluie, ou de l'arroser si la terre est un peu sèche. Une fois la plante prise, il suffit de la sarcler et de la biner de temps en temps ; on peut se passer de l'arroser pendant l'été. La récolte se fait de juillet à février et même au delà.

Nous conseillons de cultiver de préférence les espèces à racine longue, notamment la betterave rouge de Castelnaudary. Cette betterave pousse très bien à Aïn-Draham.

Cardon (Cynara cardunculus L.). — Les graines doivent être semées ou plantées assez espacées en avril ; la récolte se fait de fin novembre à mars. Le cardon exige beaucoup de fumier et un sol humide ; cependant, à Aïn-Draham, on peut se dispenser de l'arroser pendant l'été ; sa végétation s'arrête, il est vrai, pendant cette saison, mais, aussitôt les pluies de septembre, il repart de nouveau et ne tarde pas à être bientôt bon à récolter.

Pour faire blanchir le cardon, on rapproche les feuilles au moyen de longs liens de paille, de manière à les entourer plusieurs fois en serrant fortement les feuilles l'une contre l'autre ; puis, on dispose tout autour de la paille et on fixe le tout par un bon buttage au pied de la plante. Au bout de trois à quatre semaines, le cardon a blanchi et est bon à être arraché.

Le cardon d'Espagne nous a donné d'excellents résultats.

Carotte comestible (Daucus carota L.). — On peut avoir toute l'année des carottes en espaçant ses semis de la façon suivante : semées dans les premiers jours d'avril, elles se récoltent de juillet à mars. Semées en septembre, elles se récoltent de mars à juillet. Au printemps, les semis réussissent généralement très bien par les méthodes ordinaires, ne nécessitent pas d'arrosages jusqu'à fin juin. On peut même se passer de les arroser, si la terre n'est pas sablonneuse et si on a affaire à des carottes à racines longues ; pendant l'été elles ne grossissent pas, mais dès les pluies de septembre, la végétation reprend, des feuilles nouvelles apparaissent et les racines se développent.

Pour faire les semis de septembre, nous conseillerons la méthode suivante, quand on n'a pas d'eau en grande quantité à sa disposition pour faire de l'irrigation : on étend sur le terrain du terreau mouillé et on bêche, puis on fait de petites rigoles de 5 à 6 centimètres de largeur, distantes d'autant et de 3 à 4 centimètres de profondeur, on mouille fortement tout le carré avec la pomme d'arrosoir, puis on sème les graines dans les rigoles et on les recouvre en rabattant la terre qui est sur le bord des petits fossés. Ainsi disposées, dans une terre humide et chaude, les graines ne tardent pas à germer, et la plante apparaît généralement au bout d'une dizaine de jours. Il est nécessaire d'arroser assez copieusement tous les 3 à 4 jours jusqu'à ce que la jeune plante soit assez forte. Quand on a beaucoup d'eau à sa disposition, il suffit d'irriguer au moment du semis, et ensuite tous les 8 à 10 jours. Pour Tabarka, nous donnerons comme époque de semis les mois de septembre-octobre et février-mars. Les carottes dans cette région nécessitent un arrosage copieux toutes les semaines, pendant l'été. Pour avoir de belles carottes, il faut semer les graines en lignes pas trop épaisses, dans un terrain profond et très substantiel, sarcler et biner assez fréquemment, arroser selon les besoins.

La carotte croît très bien dans le pays, mais elle est peu et mal cultivée ; les variétés carotte rouge demi-longue nantaise, carotte rouge demi-courte obtuse de Guérande, carotte rouge longue de Saint-Valéry, carotte rouge courte hâtive, nous ont donné d'excellents résultats.

Céleri blanc en branches (Apium graveolens L.). — Dans quelques endroits humides et marécageux, on rencontre le céleri à l'état sauvage; il a une saveur assez prononcée ; les colons l'emploient assez souvent pour le pot-au-feu. Le céleri blanc se reproduit par graines semées en pépinière, en mars (sous châssis), en avril ou en juillet-août ; dans cette dernière période, il est indispensable de faire le semis sur du terreau qui sera tenu humide et à l'ombre. Avec les semis du printemps, on récoltera le céleri en juillet-août et même pendant l'automne ; avec ceux de l'été, de décembre à avril.

Pour avoir de beau céleri, nous conseillerons de le cultiver dans des sillons creusés à 30 ou 40 centimètres de profondeur sur autant de largeur, de bien fumer, de bien arroser, et de butter au fur et à mesure que la plante s'élève, ce qui se fait facilement en comblant la fosse avec la terre mise sur les côtés. De cette façon, le céleri résiste bien à la sécheresse de l'été et aux froids de l'hiver ; toute la partie enterrée se trouve blanche. Pour achever de le faire blanchir, il suffit de lier les branches à la partie supérieure avec des liens de paille et de recouvrir le tout presque complètement avec de la terre.

Le céleri plein blanc ordinaire donne d'excellents résultats.

Céleri rave. — Mêmes soins que pour le céleri blanc, mais doit se semer seulement au printemps, pour être récolté à la fin de l'automne et en hiver ; on le plante à plat.

Cette plante n'est généralement pas cultivée en Tunisie, elle donne cependant des produits très satisfaisants.

Cerfeuil (Scandix cerefolium L.). — Le cerfeuil vient facilement, on le sème en septembre ou en mars-avril. Il n'exige qu'une fumure modérée ; en été, il monte très vite à graine et est très facile à cultiver ; il faut répéter souvent les semis et les faire dans un endroit humide et à l'ombre.

Le cerfeuil commun et le cerfeuil frisé poussent très bien.

Chicorée (Cichorium endivia L.). — Les diverses chicorées frisées que nous avons plantées, chicorée frisée de Meaux, chicorée fine de Louviers, chicorée frisée de Ruffec, nous ont donné presque toujours de bons résultats quand elles ont été plantées à des époques déterminées. Ainsi les semis faits au printemps donnent généralement de mauvais résultats, la plante monte à graine avant son complet développement ; ceux faits en juin, juillet, pour la période estivale, donnent d'assez bons produits si on a de l'eau en abondance; ceux de septembre, octobre donnent des salades superbes en avril, mai. Pour faire un repiquage de salade, de choux, ou d'autres plantes pendant la période de chaleur et de sécheresse, nous conseillons la méthode suivante qui nous a toujours très bien réussi, même pendant les fortes chaleurs du mois d'août.

Le terrain ayant été préalablement bêché et recouvert de fumier bien consommé et bien mouillé, on enterre ce fumier avec la bêche, puis on fait des sillons de 10 centimètres de largeur et de 6 à 7 de profondeur, on remplit ces rigoles d'eau, puis, quand la terre a été bien imbibée par cette eau, on y plante les jeunes plants, puis on inonde ensuite ces fossés à nouveau. Cette opération doit se faire de préférence le soir : le lendemain, si les rayons du soleil sont un peu forts, on recouvre les jeunes plants de feuilles de choux, de paquets d'herbes ou autres matières qu'on aura soin de déposer légèrement sur les plants, de façon que l'air puisse circuler librement dans le sillon. Il faut avoir soin de découvrir les plants tous les soirs au coucher du soleil, de les recouvrir le matin, une heure ou deux après son lever, et d'inonder les sillons tous les deux jours. Au bout de 4 à 5 jours, les plants ont repris et on peut se dispenser de les recouvrir.

La chicorée demande un terrain bien fumé et des arrosages fréquents en été. Pour la faire blanchir, il suffit de la lier ou de la couvrir avec des tuiles.

Chicorée amère (Cichorium intibus L.). — La chicorée amère pousse naturellement en grande quantité dans le pays. Pour la cultiver, on la sème en rayons au printemps ou à l'automne, dans une planche fortement fumée ; l'été, elle demande à être arrosée au moins une fois par semaine.

Cette plante est vivace, à la condition de la biner et de la fumer de temps en temps.

Chou cultivé (Brassica oberacea). — Le chou, plante indigène de l'Europe, est un des légumes les plus anciens. Dans l'antiquité, on en connaissait même plusieurs variétés pommées. Cette plante est également connue en Tunisie, mais bien peu cultivée par les indigènes ; quant aux Khroumirs, ils ne la cultivent pas du tout. Aux environs des grandes villes de Tunis, de Sousse, de Sfax, le chou est cultivé par les Européens et quelques Arabes, mais ils ne savent pas le faire pousser toute l'année. A Tunis, où l'eau est cependant abondante, on ne trouve pour ainsi dire pas de choux, pendant l'été, sur le marché. Pourtant, en réglant méthodiquement les semis qu'exige cette culture et en choisissant les espèces, on peut arriver à avoir des choux toute l'année.

Choux pommés ou cabus (Brassica oleracea capitata). — Les époques de semis les plus propices pour la culture des choux pommés paraissent être les suivantes : en faisant le semis en mars sous châssis, le repiquage en mai, on récolte à partir de juillet jusqu'en décembre.

Le semis fait à l'air libre en avril-mai se repique en juin, croît suffisamment pour passer sans arrosage l'été, saison pendant laquelle sa végétation semble s'arrêter, puis elle reprend avec vigueur aussitôt les pluies de septembre et donne des pommes en novembre et pendant tout l'hiver.

Si on sème les graines de choux en juin, juillet, et qu'on repique en août, ce qui est facile en employant la méthode indiquée pour la chicorée frisée, les choux poussent vigoureusement à l'automne et arrivent à donner des pommes assez grosses en décembre ; ils végètent un peu pendant l'hiver et prennent leur développement complet d'avril à mai, époque à laquelle ils montent à graine.

Enfin les semis faits en août et septembre, repiqués en octobre, donnent des pommes en mai, juin, juillet, août.

Dans ce cas, la totalité n'arrive pas à former des pommes ; le tiers environ monte à graine au mois de mai.

En général, nous conseillons de mettre les plants en place, sans repiquage préalable, en pépinière, et d'attendre qu'ils soient suffisamment forts, environ six semaines après leur levée. Les espèces les plus recommandables sont : pour le printemps, le chou cœur-de-bœuf, le chou Joanet hâtif et le chou de Schweinfurt ; pour les choux faits en mai, les choux de Milan, et enfin pour le semis de septembre, les choux quintal, Schweinfurt et cœur-de-bœuf. Toutes les espèces de choux viennent bien, si on les sème à des époques convenables, et si on les place dans un terrain fortement fumé, bêché profondément et suffisamment frais. On doit biner et sarcler très souvent.

Chou de Bruxelles (Brassica oleracea bullata gemmifera). — Il se sème généralement au mois d'avril, se plante en juin et se récolte de octobre à mai. Même culture que pour le chou pommé.

Il nous a toujours donné des pédoncules aussi charnus et aussi bons que ceux qu'on récolte en France.

Cette plante est presque complètement ignorée en Tunisie; sa culture mériterait d'être développée surtout aux environs des grands centres.

Chou-fleur (Brassica oleracea botrytis). — Le chou-fleur est assez cultivé en Tunisie; on le sème en juin, on le plante en août et on le récolte à la fin de l'automne et en hiver, ou bien on le sème à la fin d'août, septembre, pour le récolter au printemps.

Il vient très bien dans un terrain fortement fumé, sur d'anciennes couches à melon, par exemple : on doit le biner et l'arroser fréquemment l'été.

La variété Lenormand, à pied court, donne de très beaux produits.

Chou brocoli (Brassica oleracea botrytis D. C.). — On appelle vulgairement brocoli les jeunes pousses vertes et tendres que produisent les diverses espèces de choux ou de navets qui se disposent à fleurir au printemps. C'est par voie d'améliorations successives que l'on est arrivé à produire des jets nombreux et aussi tendres que possible, et que l'on est parvenu à créer les espèces que nous avons aujourd'hui. Du reste, ces brocolis paraissent avoir été le point de départ de la création des choux-fleurs. Aussi la culture du chou brocoli est-elle de beaucoup plus ancienne que celle du chou-fleur.

L'époque de la semaille la plus favorable paraît être le mois de mai; la plantation se fait en juillet et la récolte en mars, avril. Les semis de septembre donnent des produits moins beaux. Même culture que pour le chou-fleur.

Le chou brocoli blanc hâtif donne de beaux produits.

Chou-navet (Brassica napus L.). — Se sème en pépinière ou sur place ; dans ce dernier cas, il faut avoir soin de l'espacer suffisamment. Les semailles se font en avril ; on récolte du mois d'août à décembre : on peut semer également en septembre pour récolter au printemps, mais les produits sont moins beaux.

La variété chou-navet blanc réussit très bien.

Chou-rave ou de Siam (Brassica rapa L.). — Très cultivé aux environs de Tunis, dans les terrains arrosés par les égouts de la ville; se reproduit de la même façon que le précédent.

Le chou-rave blanc donne de bons résultats.

Ciboule commune (Allium fistulosum L.). — On la multiplie de grains semées en avril et en septembre, dans une terre légère et substantielle, on la replante un à deux mois après par petits paquets de deux à trois plantes réunies, à 15 centimètres de distance entre les touffes. Cette plante pousse très bien; malheureusement elle n'est pour ainsi dire pas cultivée en Tunisie.

Concombre (Cucumis sativus L.). — Se reproduit par semis faits au commencement de mai, dans une terre fortement fumée; on doit arroser au moins une fois par semaine pendant les grandes chaleurs. La récolte se fait de juillet à octobre. La variété concombre vert long convient parfaitement.

Cornichon. — Même culture que les concombres. Les cornichons donnent en général des produits abondants et excellents. Cette culture n'est pratiquée nulle part en Tunisie. Semer de préférence le cornichon vert petit.

Courges, potiron, citrouille (Cucurbita maxima C. Moschata C. Pepo). — Ces diverses cucurbitacées ne sont pour ainsi dire pas cultivées dans le pays; cependant nous croyons que beaucoup d'entre elles pourraient l'être avec profit. Cette culture est très simple : il suffit, au mois de mai, de creuser un trou de 30 à 40 centimètres de profondeur sur 60 de largeur ; on le remplit en grande partie de fumier, puis par-dessus de terreau et de terre, et on sème dans la terre 2 à 3 graines de courges. Il suffit d'arroser tous les quinze jours pendant l'été. La récolte se fait de juillet à octobre.

Nous avons cultivé le potiron jaune gros et la citrouille de Touraine comme plante de grande culture, ils atteignent des proportions énormes.

Nous avons également cultivé la courge blanche non coureuse ou courge de Virginie, ou courge aubergine; cette variété se cultive comme le concombre, résiste bien à la sécheresse et donne des quantités de fruits que l'on cueille un peu avant maturité. On les consomme à la façon des aubergines ou même en potage.

Cresson alénois (Lepidium sativum L.). — Plante d'un goût fort et piquant assez agréable, d'une végétation très rapide et d'une culture assez facile.

Se sème en tout temps, mais vient plus vite en été.

Pendant les fortes chaleurs, il demande un peu d'ombre et de fréquents arrosages. Il se récolte trois semaines après le semis en été et au bout de quatre à cinq semaines au printemps et à l'automne. Cette plante dure peu de temps au printemps, elle monte très vite.

On l'emploie comme condiment ou en salade.

La variété cresson alénois frisé est la préférable.

Cresson des fontaines (Nasturtium officinale R.-Br.). — Le cresson est très répandu en Khroumirie, on le rencontre dans nombre de sources pendant presque toute l'année.

Pour établir une cressonnière, il est indispensable de posséder tout d'abord de l'eau courante : le moindre petit filet d'eau suffit; on conduit l'eau dans un fossé dont on égalise le fond qu'on recouvre de terreau sous une épaisseur de 10 centimètres, puis on plante par petites touffes distantes de 25 à 30 centimètres, du cresson pris à une cressonnière naturelle. Pour bien conserver cette plantation, il est nécessaire de la sarcler de temps en temps, de faire la coupe souvent et un peu avant la floraison.

Dent-de-lion, Pissenlit (Taraxacum dens leonis Desf.). — Pousse naturellement dans le pays. Pour le cultiver, on le sème sur place en rayons au mois de septembre, on éclaircit le plant en octobre-novembre et en février, on recouvre les jeunes pousses avec de la terre relevée en billon. En mars-avril, les dents-de-lion percent cette terre qui les recouvre, elles sont alors bonnes à consommer.

Echalotte (Allium ascalonicum L.) — L'échalotte est fort rare en Tunisie, c'est à peine si on en trouve sur le marché de Tunis ; cependant elle pousse presque partout où croît l'oignon ; dans le sud, à Gabès, nous l'avons cultivée, et elle nous a donné un très fort rendement et des bulbes de bonne qualité se conservant bien.

A Aïn-Draham, presque tous les habitants la cultivent ; elle réussit toutes les années et donne un rendement considérable et des caïeux excellents qui se conservent jusqu'au printemps.

La culture de l'échalotte est en tous points semblable à celle de l'ail ; on devra de préférence la planter à l'automne (fin octobre-novembre) et espacer un peu les plants. Parfois il arrive qu'au mois de mai certains pieds montent à graine ; on devra casser ces tiges dès leur première apparition.

Epinard (Spinacia oleracea L.). — L'épinard est encore un des légumes qui n'est pas cultivé en Khroumirie ; cependant il y pousse à merveille. Nous avons expérimenté sur des épinards à graine ronde et à graine piquante. L'épinard à graine piquante paraît pousser plus vigoureusement, surtout au printemps.

A partir du mois de mai jusqu'en septembre, il ne faut pas songer à semer des épinards, ils montent à graine de suite ; du reste, on les remplace avantageusement par le tétragone ou épinard de la Nouvelle-Zélande.

La culture de l'épinard est des plus simples : il suffit de le semer en place, de préférence en rayons espacés de 25 à 30 centimètres, de façon à faciliter le sarclage et le binage ; les époques favorables paraissent être septembre, octobre et avril. Généralement on commence la récolte un mois et demi après le semis.

Fenouil (Fœniculum officinale All.). — Le fenouil croît à l'état sauvage dans presque toute la région, aussi y est-il fort peu cultivé. On le sème à l'automne ou au printemps, en bordure, dans un terrain humide et bien fumé.

Fève (Faba major L.). — La fève est très cultivée par les Arabes khroumirs, ils en mangent de grandes quantités cuites seulement à l'eau.

Cette plante pousse fort bien et donne de bons rendements. Sa culture est des plus simples : il suffit de la semer à la fin de novembre, ou en mars, mais à la fin de l'automne les résultats sont supérieurs ; la récolte se fait en juin-juillet.

Fraisier (Fragaria L.). — La culture du fraisier est fort peu développée dans la Régence, on ne la trouve qu'aux environs de Tunis ; cependant avec certaines précautions nous croyons qu'elle supporterait assez bien le climat. A Aïn-Draham, le fraisier est très commun, il pousse presque sans soins ; aussi ne donne-t-il des fruits que pendant un mois et demi à deux mois au plus, mai et juin. En l'arrosant pendant l'été, on pourrait lui faire produire des fruits jusqu'à l'automne. Dans les jardins d'Aïn-Draham, on trouve la fraise des quatre saisons et la grosse fraise ; les deux espèces y réussissent bien, et donnent des fruits très savoureux.

La culture du fraisier est la même qu'en France ; on fait généralement les repiquages en novembre ou en avril.

Haricot (Phaseolus vulgaris L.). — Le haricot est une des plantes à qui le climat de la Khroumirie est le plus favorable et qui prospère parfaitement dans le terrain de la région.

En employant convenablement les espèces, on peut avoir des haricots verts du mois de juillet à fin novembre, et cela pour ainsi dire sans arrosage ; au commencement de mai, on sème toutes les espèces de haricots, le haricot jaune (le cent pour un), le haricot blanc ordinaire, les haricots à rames, les haricots flageolets.

A partir du commencement de juillet, on récolte des haricots verts, puis les haricots à écosser vers la moitié du même mois. Si l'on n'arrose pas un peu, la récolte de haricots verts se termine vers le 15 août; mais si on sème le haricot dolique mongette (Dolichos unguiculatus) vers la mi-mai, il donne de longues gousses vertes sans filament, du milieu d'août jusqu'en novembre. Cette plante supporte la sécheresse de l'été sans arrosage; c'est presque le seul haricot cultivé par les Arabes. Puis, si, vers la mi-août, on sème le haricot blanc petit sans rames, ou le haricot jaune, on peut employer le procédé indiqué aux articles carotte et chou. On récolte des gousses vertes de la fin de septembre à la fin de novembre ; seulement, dans ce cas, il faut arroser assez copieusement le semis et la jeune plante jusqu'à la fin de septembre.

Toutes les espèces paraissent bien venir; c'est une culture à propager dans le pays; elle donne un rendement énorme.

Laitue cultivée (Lactuca sativa L.). — Cette plante, très connue en Europe depuis fort longtemps l'est bien peu en Tunisie; elle n'est cultivée que par les Européens les; Arabes n'en mangent pour ainsi dire jamais.

La laitue d'hiver se sème en pépinière au mois de septembre, se repique en novembre et se récolte en avril-mai.

La laitue d'été se sème généralement en mars (sous châssis) ou fin avril, se repique en mai et se récolte en juin-juillet, quelquefois jusqu'à mi-août, si on emploie des espèces lentes à monter. Cette culture est très facile, il suffit de mettre les laitues en terrain bien fumé, pas trop serrées, et d'arroser une fois par semaine pendant les fortes chaleurs.

Nous avons cultivé : laitue grosse blonde d'hiver et laitue rouge d'hiver (pour l'hiver), laitue-chou ou laitue batavia brune, laitue bossin (pour l'été). Toutes ont atteint des proportions énormes.

Laitue romaine ou chicon. — Les laitues romaines ont une culture analogue aux laitues pommées ; du reste, elles paraissent avoir la même origine ; on les sème aux mêmes époques que les laitues. La romaine blonde maraîchère et la romaine ballon de Bougival nous ont donné d'excellents résultats.

Lentille (Ervum lens L.). — Se sème du 15 novembre au 10 décembre en rayons espacés de 25 à 30 centimètres dans une terre pas trop compacte ; on bine au mois d'avril et on sarcle de temps en temps.

La lentille commune donne un bon rendement. On peut également faire le semis en mars, mais le rendement est de beaucoup inférieur.

Mâche ou Boursette ou Doucette (Valerianella olitoria Mœnch.). — Cette plante croît à l'état sauvage dans toute la Khroumirie ; elle atteint des proportions aussi grandes que la mâche cultivée. Elle se sème à la volée ou en ligne dans un terrain bien préparé, en septembre-octobre, et se récolte de janvier à mars.

Melon (Cucumis melo L.). — Les Arabes cultivent beaucoup les melons; ils creusent des fossés qu'ils remplissent avec de la terre et du terreau bien mélangés à parties égales ; ils sèment ensuite à la surface les graines qui ne tardent pas à lever ; ils éclaircissent alors le plant en arrachant les pousses qui paraissent les plus faibles, et ils abandonnent ensuite la plante à elle-même. C'est à peine s'ils enlèvent les mauvaises herbes, et ils l'arrosent s'ils sont à proximité d'une source où l'eau peut aller d'elle-même irriguer le terrain par des rigoles qu'ils creusent. Les melons arabes sont tout à fait de qualité inférieure ; ils sont peu sucrés, peu odorants, et ont souvent le goût de courge ou de pastèque.

Nous avons cultivé plusieurs espèces de melons de race française et nous avons remarqué qu'ils donnaient des fruits aussi gros et aussi savoureux qu'en France ; nous avons cultivé :

1° Parmi les melons brodés : le melon de Cavaillon, le melon sucrin de Tours, le melon ananas, le melon de Malte à chair verte. Dans ces variétés, nous recommanderons : 1° les melons ananas, qui donnent des quantités de fruits très parfumés et bien sucrés ; 2° le melon de Malte à chair verte : cette plante, qui est très rustique, peut se passer de soins et demande peu d'eau. De plus, ses fruits deviennent assez volumineux et se conservent pendant tout l'hiver, si on a la précaution de les suspendre dans un endroit pas trop humide ; ils sont sucrés, mais peu parfumés. Ce melon, fort peu connu dans le pays, devrait être beaucoup plus cultivé qu'il ne l'est.

2° Les melons cantaloups : melon cantaloup d'Alger, melon cantaloup noir des Carmes, melon cantaloup Prescott à fond blanc. Ces trois variétés sont aussi recommandables les unes que les autres, les fruits en sont délicieux si on les mange à point, et aussi gros qu'en France.

La culture du melon en pleine terre, qui est celle que nous avons pratiquée, est assez simple. Dans les premiers jours du mois de mai, on creuse des fosses de 50 centimètres de profondeur sur autant de largeur, espacées entre elles de un mètre ; on les remplit presque complètement de fumier de cheval frais, pardessus on étend un mélange à parties égales de terre et de terreau sur une épaisseur de 10 à 15 centimètres, puis, dans de toutes petites cuvettes, on sème au centre trois graines de melons espacées en triangle à 5 centimètres les unes des autres et à 3 à 4 centimètres de profondeur. Au bout de 7 à 8 jours, les cotylédons ne tardent pas à paraître, puis, quand la plante est assez forte, à la 4e ou 5e feuille, on ne laisse par trou qu'une ou deux plantes les plus vigoureuses, et on coupe la tête de la tige, de façon à forcer la plante à donner des branches latérales, sinon cette tige, abandonnée à elle-même, absorberait toute la vigueur de la plante, empêcherait les branches secondaires de se produire et ne fructifierait que fort tard. Cette taille faite, on laisse pousser la plante à sa guise, en se contentant de la biner, de la sarcler et de l'arroser aux moments opportuns; puis, quand les branches latérales produisent des fleurs, on coupe leur extrémité aussitôt que l'on aperçoit un ou deux nœuds ; finalement, on ne doit laisser que 3 ou 4 melons par pied.

Il n'est pas nécessaire de tailler à outrance, le moins possible est le meilleur ; on devra également faire son possible pour conserver les feuilles qui protègent la plante contre l'ardeur du soleil et le siroco. Il n'est pas non plus nécessaire d'arroser énormément ; dix litres d'eau par pied tous les quatre jours suffisent largement pendant les journées les plus chaudes.

La récolte des melons se fait du 15 août au 15 novembre.

Navet (Brassica napus L.). — Le navet est très connu et très cultivé des Arabes de la Tunisie ; sur tous les marchés on trouve de la graine et à très bon compte. Cette variété indigène se rapproche beaucoup du navet blanc à collet rose ; il devient assez volumineux : un are peut en produire de 80 à 100 kilogrammes ; les Arabes le sèment au mois de septembre.

Les navets de race française croissent également très bien dans le pays et sont susceptibles de grands rendements. On devra choisir, autant que possible, des espèces hâtives. La meilleure époque pour les semailles est le mois de septembre et même la fin d'août, si on peut arroser ; la récolte commencera dans les premiers jours de novembre jusqu'en mars. Il est inutile de faire des semis après le 15 octobre, les racines n'ont pas le temps de se développer avant les froids, et dès le mois de mars la plante monte à graine. On peut aussi semer des graines de navet à la fin mars-avril, mais il faut alors choisir des espèces très hâtives, la récolte sera assez bonne en juin si on peut conserver au terrain une humidité suffisante.

Le navet long des vertus, race marteau, le navet d'Auvergne et le navet jaune de Malte sont de bonnes espèces à cultiver.

Oignon (Allium cepa L.). — L'oignon est très connu et très cultivé dans la Régence, principalement sur le littoral et dans les oasis. Les Arabes khroumirs sont encore en retard pour cette culture, quoiqu'elle soit d'un grand rapport et très facile. Les oignons se sèment du 15 août au 15 septembre dans un terrain substantiel et léger ; ils se repiquent de novembre à mars. On récolte les oignons au mois de juillet, lorsque les tiges et les feuilles sont complètement sèches. Avant la maturité, lorsque les feuilles commencent à changer de couleur, on couche les tiges, et ce procédé favorise le développement des bulbes.

Pour avoir des oignons verts à la fin de l'hiver, il suffit de planter des oignons au mois de novembre ; les plus beaux serviront de porte-graines.

Tous les oignons paraissent prospérer dans le pays ; la variété la plus répandue ressemble beaucoup à l'oignon géant de Rocca ; son poids atteint souvent un kilogramme.

Cette année, nous avons essayé l'oignon patate, et des bulbes plantés à la sortie de l'hiver donnent en juin-juillet des oignons nouveaux très bien formés et se conservant parfaitement.

La culture de cet oignon est la même que celle de l'échalote.

Cette variété d'oignon est inconnue en Tunisie ; il serait à désirer de la voir se propager, car sa chair est supérieure à celle de l'oignon ordinaire, elle est sucrée et de bonne qualité.

Oseille (Rumex acetosa L.). — On la trouve à l'état sauvage dans presque toute la région, aussi sa culture est-elle des plus faciles.

On la multiplie par semis faits en septembre ou en avril, ou bien par éclats pris des vieux pieds. On devra la planter en terrain bien fumé et profond et l'arroser un peu pendant l'été. Toutes les années, on devra, à l'entrée de l'hiver, fumer assez copieusement et chausser les pieds d'oseille.

En Tunisie, on ne trouve pour ainsi dire jamais sur les marchés de véritable oseille ; celle que l'on trouve n'a généralement qu'un goût acide à peine prononcé ; les feuilles sont minces, longues, ovales, lancéolées, portées sur un long pétiole : c'est l'oseille épinard (Rumex patientia). Cette espèce est excessivement productive.

Pastèque-Melon d'eau (Citrullus edulis Spach). — Cette plante est très bien cultivée l'été par les Arabes qui en font une consommation énorme, ils la cultivent comme les citrouilles et les melons.

Patate douce (Convolvulus batata). — La patate douce est une plante à culture facile dans ce pays, donnant un assez fort rendement et un aliment assez agréable au goût ; elle est susceptible de remplacer, dans certains cas, la pomme de terre, du reste ; actuellement c'est l'aliment du pauvre dans certaines régions de l'Algérie.

Pour la cultiver, on place horizontalement dans une planche de terreau bien chaud les patates à la fin du mois d'avril. Au bout de quelques jours, elles sont couvertes de jets nombreux et allongés que l'on détache et que l'on transplante dans une terre riche et pas trop ameublie. On sarcle quand la plante est jeune.

et on arrose s'il y a une trop grande sécheresse. On devra conserver les tubercules, après la récolte, dans un endroit sec et à l'abri du froid pendant l'hiver.

Cette culture mériterait d'être développée et encouragée dans la population indigène.

Persil (Petroselinum sativum Hoff.). — Il se sème à l'automne et au printemps. Pour le conserver pendant l'été, il faut lui donner de l'ombre et de l'eau. Toutes les variétés viennent bien.

Piment (Capsicum annum L.). — « Felfel des Arabes », très cultivé dans la région ; les indigènes en sèment deux variétés : le piment fort ou felfel, et le piment doux ou poivron. Cette semaille se fait au mois d'avril sur du terreau et dans un endroit bien abrité du vent ; les Arabes plantent en mai-juin et commencent à récolter depuis le mois d'août jusqu'à fin novembre. Le piment supporte assez bien la sécheresse, sans exiger beaucoup d'arrosage. On devra le cultiver en terrain très substantiel et profond.

A Aïn-Draham, la plante ne peut vivre plus d'une année.

Poireau (Allium porrum L.). — La culture du poireau est très simple ; il suffit de le planter dans une terre substantielle, amendée autant que possible avec de la poudrette ; en réglant bien ses semis, on peut avoir du poireau toute l'année.

Pour cela il suffit de commencer à faire les semis en mars (sous châssis) pour récolter au mois de juin-juillet. En pleine terre, on le sème à la fin d'avril pour le récolter à partir d'août jusqu'au commencement de l'hiver ; enfin, on peut encore le semer en août-septembre pour le récolter au printemps.

Au mois de juin, le poireau semé à l'automne monte presque toujours à graine; c'est pour cela que nous conseillons de faire un semis sous châssis en mars pour pouvoir en récolter au commencement de l'été.

Le poireau exige peu d'eau pendant la sécheresse estivale ; on devra le biner et le sarcler assez souvent et couper de temps en temps l'extrémité des feuilles pour faciliter le développement en grosseur de la tige.

Toutes les variétés donnent de bons résultats, si on a soin de n'employer que de la graine récemment récoltée.

Poirée, *Bette*, *Blette*, *Joutte* (Beta vulgaris L.). Plante ressemblant beaucoup à la betterave, à cela près que la culture y a développé les feuilles, principalement le pétiolo et les nervures.

La culture est absolument la même que celle de la betterave ; nous conseillerons la variété poirée blonde à cardé blanche.

Pois (Pisum sativum). — Les pois sont très cultivés par les Européens du nord de la Tunisie, généralement ils poussent fort bien. On les sème presque toujours en mars ou avril pour les récolter en juin-juillet. Ou bien, ce qui est préférable, on les sème à la fin de novembre, ils ont alors tout le temps de lever avant les neiges, et cependant ils ne peuvent encore être trop forts pour être abîmés par elles ; on peut commencer à les récolter à la fin de mai.

En faisant des semis au mois d'août et en arrosant suffisamment, on peut avoir des petits pois de la fin de septembre à la fin de novembre, seulement le rendement est un peu moindre qu'au printemps.

A Tabarka, en faisant ses semis en octobre-novembre, on récolte des petits pois en mars-avril ; c'est la meilleure époque pour faire la semaille.

On sème les petits pois par planches de 1 mètre 50 à 2 mètres, en rayons espacés de 0,35 à 0,40, les graines assez serrées et pas trop profondes ; on devra choisir un terrain assez bien fumé et bien bêché.

Nous avons semé les variétés suivantes : le pois de Clamart, le pois Michaux, le pois nain ordinaire, le pois ridé vert à rames, le pois nain et le pois géant sans parchemin. Toutes nous ont donné d'excellents résultats, principalement le pois Michaux.

Pois chiche (Cicer arictinum L.). — Plante très cultivée par les Arabes qui en font une grande consommation dans le couscouss : on la sème à l'automne ou en mars, et on la récolte l'été suivant.

Pomme de terre (Solanum tuberosum). — La pomme de terre, si connue et si précieuse en France et en Europe, est encore presque ignorée de la plupart des Arabes tunisiens ; du nord au sud, elle n'est pour ainsi dire pas cultivée ; aussi est-il fort regrettable que dans ce pays si agricole on soit obligé de la faire venir de France ou d'Italie. Les colons français ne la cultivent pas, ils prétendent qu'elle ne vient pas bien et que les bénéfices ne sont pas assez rémunérateurs. Depuis 4 à 5 ans que nous nous occupons de la culture de ce précieux tubercule, nous avons vu que partout il donnait de très bons résultats dans le sud, à Gabès, à Sfax, à Aïn-Draham et à Tabarka.

Ces deux dernières années, nous avons distribué des semences de pommes de terre aux indigènes khroumirs des environs d'Aïn-Draham, afin qu'ils puissent apprendre à connaître cette plante et à la cultiver. Un certain nombre les ont assez bien soignées et ont obtenu 7 kilos pour 1 kilo de tubercules ensemencés ; un individu de la vallée de Ben-Métir les a fort bien cultivées, binées, sarclées ; il a obtenu des pommes de terre de la grosseur du poing et de 15 à 20 par pied.

A Tabarka, un indigène plante toutes les années suffisamment de pommes de terre pour pouvoir en fournir à la compagnie de zouaves pendant 3 à 4 mois.

Ces quelques exemples sont malheureusement trop isolés ; il faudrait pour développer cette culture chez les Arabes les encourager pendant 2 ou 3 années en leur fournissant des semences, puis peser sur les chefs pour leur en faire cultiver une quantité assez forte, de façon à habituer peu à peu la population tout entière à cette culture, qui lui rendrait de si grands services.

Dans la région, on peut faire deux récoltes dans l'année : 1° En plantant des tubercules au commencement du mois de mars pour récolter en juillet. La pomme de terre lève un mois après sa plantation, se bine dans les premiers jours de mai et se butte en juin, au moment de la floraison ; on devra arracher les tubercules au moment où les tiges et les feuilles sont complètement jaunes ; il est bon de les laisser essorer sur terre une journée ou deux avant de les rentrer, pour faciliter leur conservation. 2° La 2e récolte pourra se faire en plantant la pomme de terre à la fin d'août ; il faudra alors arroser aussitôt la plantation, de façon à provoquer la germination immédiate ; la récolte se fera en janvier. On devra assurer l'écoulement facile des eaux des pluies, qui sont très abondantes en novembre, décembre et janvier. Les tubercules récoltés sont généralement de conservation difficile et de qualité médiocre ; le rendement est en moyenne de 5 à 6 kilos pour 1 kilo ensemencé. Les pommes de terre violettes paraissent le mieux convenir pour cette saison.

Nos expériences ont porté sur des pommes de terre violettes et des pommes de terre jaunes. En général, les pommes de terre semées en mars ont toujours donné un rendement supérieur à celles semées en avril, en mai ou à la fin de l'été. Les rendements ont été en moyenne de 9 à 11 kilos pour 1 kilo ensemencé pour les pommes de terre Saint-Jean et Pertuis (cette dernière est très cultivée dans le midi de la France) et la quarantaine violette longue. Les mêmes espèces semées en avril donnent seulement 7 à 8 pour 1 et en mai 4 à 5 pour 1 (culture faite sans arrosage). L'influence hygrométrique entre pour beaucoup dans le rendement de la pomme de terre ; si des pluies assez abondantes se produisent à la fin de mai ou au commencement de juin, les tubercules deviennent plus gros et, par suite, le rendement plus considérable. Mais, sous prétexte de lui donner de l'humidité, il ne faudrait pas arroser à outrance, car on développerait surtout les tiges, au détriment de la grosseur des tubercules. L'influence du sol est également très sensible ; on devra prendre un terrain sain, bien labouré, assez meuble et substantiel, biner et sarcler assez souvent pour que la terre soit propre et qu'elle demeure suffisamment meuble autour des pieds. En somme, la culture de la pomme de terre peut être rémunératrice si on la cultive dans les conditions voulues pour assurer son complet développement.

Pourpier (Portulaca oleracea L.). — Le pourpier pousse à l'état sauvage dans toute la région. Pour le cultiver, on le sème à la volée sur du terreau ou en terrain meuble qu'on arrose de temps en temps.

Radis (Raphanus sativus L.). Il se sème en tout temps, à l'exception des mois les plus rigoureux de l'hiver, dans un terrain meuble et fumé au préalable ; il demande à être arrosé souvent en été. Les diverses variétés de radis rouges viennent toutes à merveille.

Le radis noir ne se sème qu'en septembre-octobre, à peu près à la même époque que les navets.

Salsifis (Tragopogon porrifolium L.). — Plante presque inconnue en Tunisie, mais qui cependant pousserait partout. On doit la semer à la volée ou mieux en rayons, en avril ou en septembre, dans un terrain bêché profondément et amendé avec du fumier bien consommé. On récolte, pour la première époque des semailles, à partir du mois d'août, et pour la deuxième, en mai-juin ; mais souvent à ce moment les salsifis montent à graine et sont parfois un peu durs. A Aïn-Draham, la plante peut passer l'été presque sans arrosage.

Pour bien réussir ses semis, on devra employer des graines n'ayant pas plus d'une année.

Dans les salsifis, on consomme les racines et la base des feuilles du centre (cœur) ; ces dernières donnent une excellente salade.

Tétragone (Tetragona expansa). — Cette plante pousse admirablement bien et remplace avantageusement l'épinard ordinaire, qui monte avec une désespérante facilité en été et même au printemps. On la sème en avril, à la volée ou en sillons, dans un sol bien terreauté. Au bout d'un mois ou deux, la graine lève et pousse avec une grande vigueur : il faut alors l'éclaircir. Un seul pied donne d'énormes touffes qui produisent un grand nombre de feuilles comestibles jusqu'au mois de janvier, et surtout pendant l'été, si on a soin de l'arroser copieusement une fois par semaine. Au printemps suivant, il suffit de couper les anciennes tiges, de fumer et de biner pour voir apparaître de nouvelles pousses et même de jeunes pieds, qui proviennent des graines tombées sur le sol l'année précédente. Il suffit de prendre ces jeunes plants et de les repiquer dans une autre planche.

Cette plante est encore fort peu connue en Tunisie ; elle rend cependant de grands services pendant les fortes chaleurs, époque de l'année où les légumes verts sont excessivement rares.

Tomate (Lycopersicum esculentum Dun.). — La tomate est très cultivée en Tunisie, on en trouve des quantités dans presque toutes les localités. Sa culture est assez facile ; on la sème en mars (sous châssis) ou en avril sur du terreau et dans un endroit abrité ; on la repique en mai aussi profondément que possible, on l'arrose et on l'abrite des rayons solaires dans la journée jusqu'à ce qu'elle ait repris. Au fur et à mesure qu'elle pousse, il est bon de l'attacher à un piquet et de la tailler, en coupant toutes les tiges secondaires. Nous avons vu que par la taille le rendement était supérieur d'un tiers et les fruits plus gros. Pour avoir de belles tomates, il est bon de les mettre dans un terrain profond et bien fumé, de les arroser très copieusement pendant l'été, biner et sarcler assez souvent.

Toutes les variétés de tomates paraissent bien pousser dans la région ; cependant nous conseillons la culture des tomates lisses, notamment des tomates Mikado et Champion, qui sont très vivaces et dont les fruits sont très gros, très charnus, lisses et d'une belle couleur rouge écarlate ou rouge violacé.

La récolte se fait de fin juillet à décembre.

PLANTES FOURRAGÈRES.

Les plantes fourragères sont, comme les plantes potagères, peu cultivées dans la Khroumirie : il n'y a que celles qui poussent naturellement. Cependant, dans cette région où l'indigène tire tout son argent de l'élevage, il y aurait grand avantage à développer cette culture, ou même à lui montrer seulement le bénéfice qu'il aurait à récolter certaines herbes naturelles qui poussent très abondamment en divers points de la montagne. A Aïn-Draham, par exemple, nous récoltons toutes les années d'excellent foin, très nourrissant et dont les chevaux et les bœufs sont très friands. Ce foin se vend à l'entreprise des fourrages de 6 à 7 francs le quintal. Il importe que ce foin soit coupé de bonne heure, sinon les grandes herbes et les chardons qui s'y trouvent sont trop grands et trop durs et le rendent moins mangeable.

Dans notre jardin d'essai, nous avons cultivé quelques plantes fourragères; presque toutes nous ont donné de bons résultats, bien que nous n'ayons pu les arroser pendant la période estivale.

Betterave (Beta vulgaris L.). — La betterave se sème en pépinière ou sur place au mois d'avril, dans une terre bien fumée, forte et aussi profonde que possible. Quant au repiquage, nous conseillons de le faire à la fin de mai et de choisir pour cela un jour où le temps est couvert ou le lendemain d'une pluie; du reste, la reprise se fait généralement avec la plus grande facilité.

Nous avons remarqué que les betteraves repiquées devenaient généralement plus grosses que celles, semées sur place, bien que ces dernières aient été suffisamment éclaircies à temps et aussi bien soignées.

Nous avons expérimenté sur la betterave longue à collet vert, et nous avons obtenu des racines très belles, atteignant parfois 3 kilos 500 grammes et plus ; la moyenne sur 100 betteraves a été de 1 k. 500. On peut commencer à effeuiller les betteraves à la fin de juillet, mais en octobre, novembre, peu de temps après les premières pluies d'août et de septembre, la plante produit des quantités de feuilles, ce qui est très utile pour donner un peu de verdure aux animaux, principalement aux vaches laitières ; les racines peuvent se récolter en décembre; on peut même les laisser sur place et les prendre au fur et à mesure des besoins, les froids n'étant pas assez rigoureux pour les geler.

Luzerne (Medicago sativa L.). — Cette plante n'est guère cultivée par les Arabes que dans les oasis, où elle sert à la nourriture de leurs animaux ; en Khroumirie, les indigènes l'ignorent complètement. La luzerne peut se semer à l'automne ou au printemps; nous conseillerons de faire le semis à la fin de mars, dans une terre forte et profonde. L'année suivante, on commence à récolter de la luzerne ; la première coupe se fait en mai, la deuxième à la fin de juin; la troisième est insignifiante, elle ne peut servir qu'à faire pacager les animaux. En septembre, la luzerne repousse et peut atteindre en décembre 40 centimètres de hauteur. Si pendant l'été on pouvait l'inonder une ou deux fois par mois, il est probable qu'on pourrait faire des coupes assez sérieuses tous les 40 ou 50 jours, comme cela a lieu dans l'oasis de Gabès, ce qui serait une grande ressource pour les jeunes animaux et les vaches laitières.

Nous avons cultivé 4 variétés de luzernes : luzerne du Poitou, luzerne de Provence, luzerne d'Italie, luzerne de Gabès. La luzerne de Gabès paraît plus vigoureuse et convenir le mieux au climat et au terrain ; ces quatre variétés poussent bien et atteignent à la première coupe une hauteur de 90 centimètres à un mètre.

Minette ou luzerne lupuline. — Se cultive comme la précédente, mais réussit moins bien que la luzerne ordinaire.

Sainfoin (Onobrychis sativa Lamk.) — Pousse naturellement dans presque toute la région ; les Arabes le font manger à leurs bestiaux comme fourrage vert, ou bien le vendent aux Européens pour en faire du foin.

Le sainfoin se sème fin mars ou dans les premiers jours d'avril. On fait la récolte l'année suivante à la fin de mai et au commencement de juin. Cette coupe est généralement bonne, mais on ne peut en faire une deuxième. Pendant l'été, la plante disparaît presque complètement, et commence à repousser après les pluies de septembre.

Trèfle ordinaire (Trifolium patrense L.). — Le genre Trifolium est largement représenté dans le pays ; on en trouve partout, mais les diverses variétés n'atteignent jamais une bien grande hauteur. Le trèfle cultivé résiste médiocrement à la sécheresse de l'été, et il est très difficile de faire plus d'une coupe par an. La culture est la même que celle de la luzerne.

Trèfle incarnat (Trifolium incarnatum). — Cette variété de trèfle pousse assez vigoureusement et donne de bon fourrage vert; on la sème à la fin d'octobre, on la récolte en mai.

Chou branchu, *Chou à vache* (Brassica campestris Babularia).— Ce chou complètement inconnu en Khroumirie paraît cependant bien réussir, surtout si on peut l'arroser en été. On le sème en pépinière au printemps ; on le met en place fin mai-juin et on commence à récolter à partir du mois de novembre, puis pendant tout l'hiver.

Le chou branchu du Poitou paraît bien résister au climat et donne de bons résultats.

Carotte (Dancus carota). — Les Arabes cultivent un peu la carotte, mais ne l'exploitent que pour leur propre nourriture ; ils n'en donnent jamais aux animaux.

La culture est sensiblement la même que celle de la carotte comestible, mais elle exige moins de soins.

La carotte arabe et la carotte blanche fournissent de bons résultats.

Téosinte (Reana luxurians). — Introduite depuis peu en Tunisie, elle ne paraît pas vouloir se développer beaucoup. Pour donner de bons résultats, cette plante exige de l'eau en abondance; quand on ne lui en donne qu'une petite quantité, elle n'atteint qu'un mètre de hauteur, au lieu de deux ou trois qu'elle peut atteindre quand elle est suffisamment irriguée. On ne peut faire qu'une à deux coupes. Cette plante paraît donner de bon fourrage, les animaux la mangent avec plaisir.

Sa culture est très facile ; on la sème au mois de mars-avril en rayons ou à la volée, dans une terre bien labourée et irriguable autant que possible.

Topinambour (Helianthus tuberosus). — Cette plante est fort peu répandue en Tunisie ; les Arabes ne la connaissent pas ; nous allons essayer de la répandre en Khroumirie, car elle peut rendre de grands services. La culture du topinambour est très facile : on plante les tubercules en pleine terre, au mois de mars ou d'avril, en lignes espacées de 70 à 80 centimètres et à 40 centimètres de distance sur la ligne ; la plante ne demande aucun soin, si ce n'est quelques binages. La récolte se fait à partir de la fin de novembre, au fur et à mesure des besoins. Les tubercules de topinambour se conservent mieux en terre qu'arrachés.

Le topinambour paraît vouloir donner de bons rapports ; ainsi, cette année, 1 kilogramme ensemencé a produit près de 40 kilogrammes de beaux tubercules, dans un terrain un peu argileux et sans arrosage pendant la période estivale.

Vesce (Vicia sativa). — La vesce pousse vigoureusement dans la région ; du reste, le genre vicia y est très commun ; sa culture est à peu près la même que celle des pois ; on la sème un peu plus serrée au mois de novembre. On la récolte pour fourrage vert à la fin de mai.

La vesce de Narbonne nous a donné un grand rendement.

CÉRÉALES.

Les céréales : blé, orge, sorgho, maïs, béchena sont les seules cultivées par les indigènes khroumirs, surtout le blé, l'orge et le sorgho ; mais la production est insuffisante pour leur consommation.

A notre avis, cette région pourrait se suffire à elle-même, si les labours étaient mieux faits, si les terres étaient fumées et si tous les terrains non boisés étaient cultivés. La Khroumirie est en Tunisie une des rares régions où les pluies sont suffisantes à l'automne et au printemps pour assurer presque toujours la bonne réussite des récoltes.

Avoine (Avena sativa). — En général, on cultive peu l'avoine en Afrique, sous prétexte qu'il est préférable de donner de l'orge aux animaux : cette idée commence à être controversée en Algérie. Actuellement beaucoup de colons des environs de Bône et de La Calle cultivent l'avoine et ils la vendent aux voituriers et charretiers de Bône, qui la préfèrent pour la nourriture de leurs chevaux, surtout pendant l'hiver.

La Khroumirie est le pays de l'avoine par excellence, par son terrain et son climat. Partout on trouve de l'avoine sauvage qui atteint des dimensions énormes. Nous avons vu, par nous-mêmes, mais sur une petite étendue de terrain, que l'avoine réussit tout aussi bien qu'en France.

Nous avons expérimenté sur trois variétés : avoine grise de Houdan, avoine blanche d'Algérie et avoine noire de Coulommiers.

Toutes ont admirablement bien poussé ; la hauteur de la paille a atteint de 1 m. 35 à 1 m. 40 ; les grains étaient bien nourris, lourds et en grande quantité. Nous croyons qu'avec deux labours successifs on pourrait obtenir un rendement de 20 à 25 hectolitres pour un d'ensemencé.

Blé-froment (Triticum æstivum L.). — Le blé est assez cultivé en Khroumirie ; les Arabes choisissent les meilleures terres pour le semer, principalement dans les bas-fonds ; ils ne cultivent que le blé dur. Le terrain argilo-siliceux et un peu calcaire convient bien à la culture du blé, seulement il est nécessaire, pour bien réussir, de faire au moins deux labours complets, plus profonds que ne le font d'habitude les Arabes, et de fumer un peu, surtout dans la partie montagneuse. En effet, les cultures répétées que font les indigènes dans leurs terres, en blé, orge ou sorgho, et l'énorme quantité d'eau qui tombe chaque année, épuisent vite le terrain. Toutes ces raisons font qu'il est indispensable, pour avoir une bonne récolte, de fumer et de bien labourer les terres où l'on doit ensemencer du blé en Khroumirie. Malheureusement les Arabes ne font rien de tout cela ; ils se contentent d'un labour superficiel. Aussi n'obtiennent-ils comme rendement que 3 à 4 hectolitres pour 1 hectolitre ensemencé. Le climat relativement tempéré de la région nous a fait penser à la culture des blés tendres ; nous en avons ensemencé l'année dernière deux variétés : blé rouge inversable de Bordeaux et blé hérisson barbu. Ce dernier seul nous a donné un grain assez bien nourri, se rapprochant de la semence; il a été récolté le 5 juillet. Nous avons aussi essayé le blé d'Australie (blé poulard ou mitadin); le résultat a été comme pour le blé de Bordeaux : grains abondants mais mal nourris ; la récolte de ces deux blés a été faite le 20 juillet.

Nous recommandons les espèces hâtives : pour les raisons suivantes : généralement à la fin de juin ou au commencement de juillet, moment de la formation du grain, le vent du Sud (siroco) souffle assez violemment, accompagné d'une forte chaleur; la plante se dessèche rapidement et n'a plus la même vigueur nutritive ni le temps nécessaire pour bien nourrir sa graine.

Les essais que nous avons faits nous ont donné :

Blé rouge de Bordeaux. — Grains nombreux, mal nourris, hauteur de la paille 1 m. 45.

Blé hérisson barbu. — Grains bien nourris, épis moyens, hauteur de la paille 1 m. 10.

Blé d'Australie. — Grains nombreux, mal nourris, beaux épis, hauteur de la paille 1 m. 35.

Blé dur de Médéah. — Grains nombreux, bien nourris, beaux épis, hauteur de la paille 1 m. 50.

Cette énumération nous montre que la préférence serait pour le blé dur et pour le blé tendre à variété hâtive. Nous n'affirmerons pas cependant que les résultats obtenus sont absolument définitifs, car nous n'avons pu faire d'expériences sur de grandes quantités, ni les renouveler pendant plusieurs années. La question est trop importante pour que nous ayons la prétention de la résoudre définitivement. En somme, la culture du blé bien faite peut donner des grains assez rémunérateurs. Il est nécessaire pour cela de fumer les terres en utilisant, par exemple, le fumier des troupeaux, et de faire deux bons labours, l'un à la fin d'octobre et l'autre à la fin de novembre, époque à laquelle on fera les semailles avec des grains choisis ; la composition chimique du sol que nous avons donnée plus haut, nous montre suffisamment qu'il contient tous les éléments nécessaires pour assurer le bon développement de la plante.

La récolte se fait généralement en juillet, à la fin ou au commencement de ce mois, selon l'altitude.

Maïs (Lea maïs L.). — On cultive un peu le maïs en Khroumirie ; les Arabes le sèment en petite quantité dans leurs champs à côté des melons et des pastèques et au même moment. A notre avis, la culture du maïs peut être rémunératrice en le semant dans des terres argileuses bien labourées et fumées, et de bonne heure, du 20 mars au 10 avril ; au mois d'août, on récolte généralement deux beaux épis par pied de maïs. La plante peut se passer d'arrosage. En mai ou en juin, en semant plus serré et en terrain d'irrigations, on peut avoir un excellent fourrage vert pour les bœufs et les vaches.

Les soins à donner à la plante sont les mêmes qu'en France, c'est-à-dire que l'on bine les plants lorsqu'ils ont de 15 à 18 centimètres de hauteur, puis qu'on les butte quand ils ont de 50 à 55 centimètres de hauteur ; enfin, lorsque les panicules des fleurs mâles sont défleuries et que les houppes soyeuses des épis commencent à se faner, on les coupe immédiatement au-dessus de l'épi le plus haut placé sur la tige. On supprime en même temps tous les épis surabondants pour n'en laisser que deux sur les pieds, et aussi tous les jets ou talles qui ont poussé autour de la tige principale.

Ainsi faite, la culture du maïs commun donne de bons rendements.

Bechena (Eleusine coracana Lam.). — Cette plante, très cultivée par les Arabes des oasis, l'est peu en Khroumirie. Sa culture est la même que celle du millet et du sorgho, mais elle demande plus de fraîcheur pendant l'été.

Millet (Panicum miliaceum). — Fort peu cultivé dans la région, il serait cependant susceptible, avec un peu de soins, de donner de bons résultats. Sa culture est facile, il est bon de sarcler assez souvent quand la plante est jeune et de lui donner un peu d'eau pendant les fortes chaleurs.

Orge (Hordeum vulgare L.). — La culture de l'orge est celle qui est la plus répandue dans toute la Tunisie, du nord au sud, et généralement elle rapporte beaucoup quand l'année est pluvieuse. En Khroumirie, l'orge est aussi très cultivée, et sa récolte est assurée toutes les années ; malheureusement le terrain en général ne lui convient guère, et cette plante ne réussit bien que dans la plaine de Tabarka et dans les bas-fonds ou terrains d'alluvions ; dans la montagne, elle ne donne guère plus de 4 à 5 hectolitres pour un hectolitre ensemencé, avec la méthode arabe. Il est probable que l'on pourrait lui faire rapporter davantage en employant des labours plus profonds et en amendant les terres.

Les semailles se font en novembre et la récolte fin juin-juillet.

Sarrazin (Polygonum fagopyrum L.). — Cette plante si précieuse dans les pays de montagne en France est inconnue en Khroumirie; sa culture y paraît assez difficile et délicate; il faut la semer au moment où la terre a encore assez de fraîcheur et de manière que la période des brouillards soit passée à l'époque de la floraison.

L'instant le plus propice pour le semer paraît être du 1er au 15 mai ; à ce moment-là il y a encore suffisamment de pluies pour le faire pousser et les brouillards sont assez rares en juin, époque où il fleurit, si on le sème en mai. Il est bon de le couper après la deuxième floraison, au moment où les grains de la première sont noirs et résistants à l'ongle, car, si on attendait plus longtemps, on perdrait presque complètement tout ce grain qui est la plupart du temps le plus beau et le meilleur.

Nous avons expérimenté avec le sarrazin gris ou argenté, nos résultats n'ont pas été satisfaisants; la plante pousse assez bien, mais les fleurs coulent avec la plus grande facilité. C'est pourquoi nous pensons que la culture de cette plante réussirait peut-être mieux dans les parties de la montagne voisines de la plaine qu'aux environs d'Aïn-Draham, où les pluies et les brouillards sont plus abondants que partout ailleurs.

Seigle (Secale cereale L.). — Cette céréale qui lutte d'importance avec le blé dans certaines régions de l'Europe est totalement inconnue en Tunisie. Cependant nous pouvons presque affirmer dès maintenant qu'à Aïn-Draham cette plante pousse aussi bien que le blé et donne de très beaux grains, supérieurs même à la semence qui provient de France.

Nous avons expérimenté sur le seigle des Alpes; les tiges ont atteint 1 mètre 45 ; elles portaient des épis longs bien fournis, se recourbant sous le poids des grains. La culture du seigle est la même que celle du blé ; nous recommandons de n'employer que des semences de l'année, les vieilles semences germant difficilement.

Sorgho (Holcus sorghum L.). — Le sorgho est une des plantes les plus cultivées dans la Régence. En Khroumirie, on le cultive autant que le blé et l'orge, avec lesquels il alterne généralement dans les terrains. Les Arabes emploient la graine dans leur nourriture, et les tiges, les feuilles et les panicules pour la nourriture de leurs bestiaux.

Le sorgho se sème à la fin de mai, ou au commencement de juin, dans une terre fraîche autant que possible. Les Arabes en prennent peu de soins, tellement la plante pousse facilement ; la récolte se fait à la fin d'août-septembre. Le rendement est assez bon quand l'année est un peu pluvieuse et dans la plaine ; mais, en général, c'est une culture d'un faible rapport quand on ne peut pas l'irriguer pendant l'été.

PLANTES INDUSTRIELLES.

Les plantes industrielles sont fort rares dans le pays, on n'en cultive pas, à notre connaissance.

Arachide (Arachis hypogœa L.). — L'arachide n'est généralement connue que par ses graines désignées par les Arabes sous le nom de cacahoued : après torréfaction, la graine d'arachide prend une saveur douce très appréciée par les indigènes.

Cette plante est annuelle et est assez curieuse dans son mode de fructification. Du pied de la plante partent en touffe un assez grand nombre de tiges, lesquelles portent des fleurs jaunes à l'aisselle des feuilles ; après la fécondation l'ovaire se développe démesurément sous la forme d'une longue pointe qui va s'enfoncer dans le sol à 2 ou 3 centimètres de profondeur ; puis, au bout de peu de jours, l'extrémité de la pointe se développe en terre et donne naissance à deux graines d'arachide.

La culture de cette plante est assez simple ; à la fin du mois d'avril, on met en terre les semences à 40 ou 50 centimètres d'intervalle en tous sens et à 4 centimètres de profondeur, dans une terre riche bien meuble et irriguable autant que possible; la plante lève en mai et commence à fleurir en juin. A ce moment, on bine et on butte légèrement la plante; le mois suivant, on répète cette opération, de façon à faciliter la pénétration des pointes en terre, et on irrigue de temps en temps. Vers le mois de novembre, on fait la récolte en arrachant la plante, comme on le fait pour la pomme de terre ; on sépare les semences que l'on fait sécher sur le terrain, et les tiges sont données aux animaux comme fourrage.

Les Arabes des environs de La Calle et Bône cultivent beaucoup les arachides, dans les endroits où ils possèdent des terres irriguables ; ils trouvent que cette culture est très rémunératrice.

En Khroumirie l'arachide pousse également bien, et c'est une culture qui serait d'un bon rapport pour les indigènes, principalement dans la plaine de Tabarka.

Chanvre (Canabis sativa L.). — Autrefois les Arabes cultivaient le chanvre pour en extraire le kif (sommités fleuries desséchées) qu'ils fument avec passion; malheureusement cet usage est funeste et amène chez les fumeurs des troubles cérébraux pouvant aller jusqu'à l'aliénation. Aussi un décret beylical est-il venu défendre la culture du chanvre et la vente du kif.

Quand on sème du chénevis dans une terre profondément labourée et bien fumée, on obtient, même sans arrosage, du chanvre très beau, atteignant plus de 2 mètres 30 de hauteur, avec des tiges bien proportionnées. Ces tiges bien travaillées donneraient certainement de beau fil.

La culture du chanvre pourrait sûrement être rémunératrice dans la région.

Coton (Gossypium herbaceum L.). — La culture du coton réussit assez bien dans le sud de la Régence. Dans les oasis, la plante est vigoureuse et atteint la taille d'un arbuste ; dans le Nord, il est cultivé à Bizerte par les Arabes sur une assez grande étendue, mais la plante est beaucoup plus petite que dans les oasis. Nous croyons que dans la plaine de Tabarka on pourrait également faire cette culture tout aussi bien qu'à Bizerte, mais nous ne saurions dire exactement quel profit on pourrait en retirer, n'ayant pu faire d'expériences à ce sujet.

Lin (Linum usitatissimum L.). — Le lin croît presque partout en Tunisie. Les Arabes de Sousse et de Sfax le cultivent un peu, mais les Khroumirs l'ignorent presque complètement; sa culture est assez facile, il croît dans presque tous les terrains et sous tous les climats. En Khroumirie, on le rencontre à l'état sauvage dans beaucoup de localités.

A Aïn-Draham, l'époque la plus favorable pour le semis est le mois de mars ; sa récolte se fait en août. Le lin demande peu de soins, un sarclage de temps en temps. Il pousse bien, et atteint une moyenne de 70 à 75 centimètres de hauteur.

Ricin (Ricinus communis). — Cette plante ne pousse pas bien sur les hauteurs, les hivers sont trop froids, mais dans la plaine, à Tabarka, elle croît assez bien. Elle n'est que peu cultivée et ne l'est que comme plante d'ornement. On pourrait cependant en planter aux abords des dunes qui sont en ce moment incultes et en récolter les graines, d'où l'on peut extraire une huile abondante employée en médecine et dans l'industrie pour la fabrication des savons.

Tabac (Nicotiana tabacum L.). — Le tabac était autrefois très cultivé par les Khroumirs, c'était une de leurs plus grandes ressources ; chaque tente se faisait par année un revenu de 200 à 250 francs de tabac. Les feuilles étaient surtout employées pour faire du tabac à priser. Depuis l'occupation française, la culture est interdite dans la région. Dernièrement on a prétendu que le tabac de la région khroumire était de qualité très inférieure. Il nous est impossible de contredire cette opinion, mais nous pouvons affirmer que cette plante y pousse à merveille, même sans irrigation dans les régions élevées. Cette année, nous avons cultivé un petit carré de tabac (le tabac de Connecticut), d'après les procédés employés en France, c'est-à-dire que nous avons semé les graines sur couche (en mars) et transplanté les plants en mai dans un terrain fumé et bien ameubli ; 5 à 6 semaines après la plantation, quand la plante eut atteint 60 à 70 centimètres de hauteur et qu'il se fût développé une douzaine de feuilles nouvelles, nous en avons étêté les tiges au-dessus de la huitième feuille, puis nous avons successivement pincé tous les bourgeons apparus aux naissances des feuilles, de façon à forcer la sève à se répandre toute entière dans ces dernières. En opérant ainsi, avec du tabac à large feuille, nous avons obtenu des feuilles atteignant de 70 à 75 centimètres de longueur.

Au point de vue de la culture, ces résultats sont fort satisfaisants, mais nous ne pouvons dire quelle sera, après fabrication, la qualité du tabac ainsi obtenu. Des expériences sur une vaste échelle devraient être faites pour résoudre la question. En tout cas, la population indigène verrait avec le plus grand plaisir lever l'interdit qui défend cette culture; tous les Khroumirs sont unanimes sur ce point.

ARBRES FRUITIERS.

Les arbres fruitiers sont peu nombreux dans la région, et les indigènes en ignorent complètement la culture et la taille. En fait de fruits, ils ne mangent que ceux que la nature leur donne, heureux encore quand ils ne détruisent pas les arbres. En tous cas, ils ne font rien pour les préserver des animaux nuisibles, tels que les chèvres, par exemple. Cependant, nous pouvons presque affirmer que cette culture serait rémunératrice et donnerait des produits excellents pouvant s'approcher de ceux de France. Du reste, à Tabarka, il existe maintenant chez les Européens quelques arbres qui donnent de bons fruits, et il est certain qu'on les réussirait tout aussi bien qu'à La Calle, le climat et le terrain étant à peu près les mêmes. Les fruits de La Calle, pommes, poires, prunes, abricots, etc., sont excellents et se conservent assez bien.

Nous passerons sommairement en revue les diverses espèces d'arbres fruitiers, en donnant les indications qui nous paraissent bonnes à suivre pour arriver à de bons résultats.

Abricotier, Pêcher, Prunier, Cerisier. — Ces arbres plantés dans les vallées à l'abri des vents de N.-O., de la cote 0 à 600, peuvent donner de bons résultats ; il faut éviter de les planter au-dessus de la cote 600, à cause de la fréquence des brouillards pendant la floraison. A Aïn-Draham, par exemple, ces arbres donnent peu de fruits, les fleurs coulent avec la plus grande facilité par les temps brumeux et froids.

La greffe en fente et en écusson sur les pruniers et cerisiers sauvages réussit très bien.

Amandier. — L'amandier n'est pour ainsi dire pas cultivé du tout, il devrait très bien réussir dans la plaine de Tabarka et à Fernana.

Bananier. — Quelques petits pieds existent à Tabarka comme plante d'ornement; les fruits sont très inférieurs et sont peu mangeables.

Châtaignier. — Nous avons vu que le châtaignier existait autrefois en Khroumirie, probablement en assez grande quantité, bien que l'on ne connaisse qu'un échantillon de cet arbre dans la forêt. En tout cas, nous avons semé des châtaignes il y a deux ans et nous avons obtenu de petits arbres poussant fort bien et résistant bien à la sécheresse de l'été, même sans arrosage. Nous croyons que la culture de cet arbre devrait être étendue, soit pour en récolter les fruits, soit pour en faire des taillis dont les gaules serviraient à fabriquer des cercles de barriques.

Citronnier, Oranger. — La culture de ces deux arbres est pour ainsi dire nulle, cependant certains mercantis de Tabarka en possèdent quelques exemplaires dans leurs jardins.

Nous pensons que cette culture réussirait très bien dans la plaine de Tabarka et qu'elle donnerait de bons produits, car à La Calle et à Oum-Theboul, les citronniers et les orangers prospèrent et donnent de bons fruits.

Figuier. — C'est l'arbre fruitier le plus répandu dans le pays; on le trouve partout, dans les ravins de la montagne jusqu'à la hauteur d'Aïn-Draham, dans les vallées et dans la plaine. Ces figuiers atteignent une grande taille et donnent des figues assez belles et savoureuses ; on les récolte en septembre et en octobre. Le figuier n'est l'objet d'aucun soin, il pousse dans les jardins tout comme à l'état sauvage.

Grenadier. — Cet arbre se rencontre un peu partout, principalement dans les vallées, mais ses fruits sont mauvais ; il n'y a que les grenades des environs de Tabarka qui soient à peu près mangeables. Pour nous, cette culture ne doit être faite que dans la plaine de Tabarka.

Noyer. — Le noyer est à peu près inconnu des Khroumirs, ils ne le cultivent pas. Cependant à Béja, localité relativement peu éloignée, nous avons pu voir dans les jardins quelques-uns de ces arbres. A Aïn-Draham, cet arbre pousse très bien, mais nous ne pouvons dire s'il donnera des fruits, les échantillons que nous possédons étant encore trop jeunes.

Olivier. — Du nord au sud de la Régence on trouve l'olivier, l'arbre le plus connu et le plus répandu, et aussi celui qui rend le plus de services au pays, tant par son bois que par ses fruits.

En Khroumirie, les oliviers sont assez nombreux, on en rencontre beaucoup dans le fond des vallées, près des ruisseaux, où ils deviennent parfois des arbres de première grandeur, notamment dans le voisinage de la plaine de Tabarka.

Ces oliviers ne sont nullement soignés par les Arabes, ils ne s'en occupent jamais que pour la cueillette des fruits, qui sont du reste très petits, mais susceptibles de donner une huile excellente.

On trouve aussi l'olivier en forêt, mais il produit peu, et on ne lui voit pas souvent de fruits au-dessus de la cote 600. Nous pensons qu'il y aurait lieu d'améliorer l'état de choses actuel, d'essayer de faire comprendre aux indigènes qu'en travaillant les arbres, et en greffant ceux qui peuvent encore supporter l'opération, ils pourraient en tirer de plus grands profits.

Des colons qui voudraient se livrer à cette culture, trouveraient quantité de jeunes sujets en forêt.

L'olivier en Khroumirie ne paye pas d'impôt. Avec le bois d'olivier, les Européens font du charbon excellent; les Arabes s'en servent comme bois d'ouvrage (menuiserie, instruments de labour, etc.).

Nous n'insisterons pas sur la culture de l'olivier, elle est suffisamment connue, et des auteurs plus compétents que nous ont traité ce sujet de la manière la plus complète. Nous conseillerons cependant, pour la reproduction des oliviers, d'avoir recours au procédé employé par les Arabes de Sfax et de Sousse. Il consiste à prendre sur des arbres adultes des fragments d'écorce portant 1, 2, 3 bourgeons, de faire un trou en terre et d'y déposer la plaque d'écorce, les bourgeons dirigés en haut, dans une terre bien ameublie et de 20 à 25 centimètres de profondeur. Du reste, le meilleur moyen est, si l'on a un vaste champ d'oliviers à créer, de prendre un Arabe connaissant bien cette culture et de s'en rapporter à lui pour cette opération.

Azerolier. — L'azerolier sauvage est très répandu en Khroumirie, il donne de petits fruits jaunes de la grosseur d'un œuf de pigeon et connus vulgairement sous le nom de pommettes. Ces fruits, bien mûrs, sont assez bons, ils rappellent un peu la pomme; on en fait de très bonnes confitures. On les récolte en août et en septembre. Ces arbres ne sont l'objet d'aucune culture de la part des Arabes.

Jujubier. — Pousse bien dans la région, donne de beaux fruits, mais est très rare.

Plaqueminier de Virginie. — Paraît s'acclimater assez bien dans la région ; les quelques échantillons que nous possédons poussent vigoureusement.

Palmier. — Cet arbre est rare, n'existe que dans le fond de quelques vallées, dans les oueds ; la fructification est difficile ; les fruits ne sont jamais mangeables.

Pistachier. — N'est pas cultivé, mais doit bien pousser et donnerait d'assez bons fruits à Tabarka.

Poirier, Pommier. — Les poiriers et les pommiers ne sont pas mieux traités par les indigènes que les autres arbres ; cependant, nous pouvons affirmer que dans les petites vallées, dont quelques-unes sont admirablement bien abritées et suffisamment arrosées, on pourrait par une culture intelligente faire produire à ces arbres de beaux et de bons fruits. A Tabarka, quelques Européens commencent à récolter des poires qui sont fort bonnes, et il est certain que la culture des poiriers et des pommiers y réussirait tout aussi bien qu'à La Calle, où l'on trouve des poires et des pommes presque aussi savoureuses qu'en France.

A Aïn-Draham, cette culture ne réussit que médiocrement; on doit y planter de préférence les espèces hâtives.

Dans la forêt, on trouve des poiriers sauvages qui peuvent, servir de porte-greffe ; on trouve également chez les Arabes des cognassiers sur lesquels la greffe réussit très bien.

Cognassier. — Très répandu chez les Arabes, et bien qu'ils ne lui donnent aucun soin, il produit d'assez beaux fruits.

Néflier commun. — Le néflier commun est fort rare, on en trouve quelques échantillons à Aïn-Draham, dans les jardins militaires; il pousse bien et produit de belles nèfles. Cet arbre serait à développer à Aïn-Draham, où le climat paraît lui convenir.

Néflier du Japon ou Bibacier. — Croît à peu près à toutes les altitudes, mais ses fruits ont peine à se développer et à mûrir à Aïn-Draham. Au contraire, à Tabarka, il vient très bien et donne d'assez bons fruits ; le néflier est encore fort peu répandu dans la région.

Vigne. — La vigne est encore peu cultivée en Khroumirie ; à Tabarka, elle n'a été plantée que par deux ou trois individus ; elle occupe de 7 à 8 hectares. Entre Tabarka et Babouch, un colon en a planté l'année dernière quatre hectares; à Babouch, il y en a un demi-hectare environ, et à Aïn-Draham 4 à 5 hectares.

Dans presque toutes ces localités la vigne pousse bien, donne des raisins en assez grande quantité et de bonne qualité surtout à Tabarka. A Aïn-Draham, la vigne est moins prospère, le nombre des raisins par cep est moindre que dans la plaine, et la maturité est plus difficile ; si on veut cueillir les raisins bien mûrs, il faut vendanger à la fin d'octobre-novembre, tandis qu'à Tabarka on vendange au mois d'août. La qualité du vin est également différente : celui de Tabarka est un peu astringent, il a un goût de terroir prononcé; sa richesse alcoolique oscille entre 9 et 10 degrés (vin rouge). En somme, vin passable, qui, lorsque les vignes seront plus vieilles, et s'il est soigné dans sa fabrication, sera un bon vin de table pouvant bien se conserver. Le vin d'Aïn-Draham est un peu vert, assez agréable au palais; il a un goût de terroir peu prononcé ; sa richesse alcoolique ne dépasse guère 7°,5, mais elle pourrait aller jusqu'à 8 degrés, si on laissait mûrir davantage le raisin; en somme, petit vin de table.

La culture de la vigne est la même en Khroumirie que dans les autres régions de la Tunisie, nous n'insisterons donc pas davantage sur ce point; chaque vigneron a, en général, son procédé particulier ; nous ne saurions pourtant trop recommander de tailler la vigne un peu près et de ne laisser guère plus de deux nœuds à chaque branche.

La vigne, jusqu'à ce jour, a peu souffert des maladies ; à Aïn-Draham, nous avons eu un peu d'oïdium qu'un léger soufrage a fait facilement disparaître. Pendant l'année 1891, les criquets ont complètement ravagé les vignes de la Khroumirie ; à Aïn-Draham, notamment, ces insectes ont rongé jusqu'à l'écorce des sarments, à tel point que presque tous sont morts. Nous avons vu, en les coupant aussitôt, de nouveaux sarments apparaître sur la souche. Ces derniers, laissés au nombre de deux ou trois, sont devenus assez beaux pour pouvoir porter quelques fruits l'année suivante. En laissant au contraire, après le passage des criquets, la vigne écorcée sans la tailler, on a vu sortir de la souche des quantités de petites branches, beaucoup trop faibles pour donner des raisins l'année suivante. Sur les rares pieds qui n'ont pas été écorcés, la vigne a donné de nouvelles feuilles et paraît n'avoir pas trop souffert; la taille était presque inutile.

Le phylloxéra n'a pas encore fait son apparition dans la contrée, malgré le voisinage de La Calle (35 kilomètres), où il sévit violemment, en dépit de l'arrachement des vignes contaminées; mais peut-être l'heure où on le verra est-elle proche, aussi croyons-nous qu'il serait utile de penser dès maintenant aux vignes américaines : on pourrait actuellement en faire des semis, de façon à pouvoir les planter dès l'apparition du phylloxéra. Les Arabes cultivent fort peu la vigne ; ils ne possèdent que de rares ceps qu'ils laissent pousser presque à leur guise et qui donnent un raisin d'une qualité d'autant plus inférieure que le plus souvent ils font leur récolte sans attendre la maturité complète.

La culture de la vigne peut être (sauf à Aïn-Draham et dans la haute montagne) tout aussi rémunératrice que dans les autres régions du nord de la Régence ; elle réussira principalement dans les contrées peu élevées, et certaines localités, comme Tabarka et Fernana, produiront notamment un très bon vin. Dans la partie élevée, il serait bon d'essayer quelques raisins de table, de façon à pouvoir approvisionner en raisins frais, à la fin de l'automne et au commencement de l'hiver, les régions où le raisin est mûr de bonne heure, Tunis par exemple. Cette année, dans notre jardin d'essai, nous avons commencé à faire quelques plantations de diverses variétés de chasselas et de muscat. Il y aurait peut-être là de bons gains à réaliser pour de petits colons.

ARBRES FORESTIERS

EXPLOITATION DES FORÊTS. — PRODUITS.

Dans la première partie de cet ouvrage, nous avons vu quelles étaient les principales essences forestières que l'on rencontre en Khroumirie ; nous allons maintenant indiquer quels sont les produits que l'on peut en tirer et quelles ressources ces forêts rapportent à l'Etat tunisien.

Exploitation. — L'exploitation forestière est confiée au corps des chasseurs forestiers de France, ayant un inspecteur-directeur à Tunis. La Khroumirie est divisée en 2 circonscriptions, l'une à Aïn-Draham et l'autre à Tabarka, ayant généralement à leur tête un sous-inspecteur des forêts ; des brigadiers et des gardes surveillent et contrôlent les exploitations. Ces gardes français sont presque toujours doublés d'un garde indigène arabe.

Tous les terrains boisés appartiennent au gouvernement tunisien, de par la volonté du Bey. Du reste, les Arabes Khroumirs n'ont en général aucun titre de propriété, et ceux qu'ils possèdent sont presque tous faux. Cette question de terrain mériterait d'être tranchée par une loi, de façon à savoir à quoi s'en tenir à ce sujet, qui peut à chaque instant donner naissance à des difficultés et des contestations.

Les Arabes sont autorisés à faire pâturer leurs animaux sans redevance; le délit de pâturage n'existe que dans les parties incendiées qui sont interdites au parcours pendant six ans. Les porcs sont également autorisés à pâturer, mais moyennant une redevance; annuelle de trois francs par porc adulte.

Les délivrances de bois aux indigènes ont lieu tous les ans au commencement de l'automne, avant la saison des labours. Les Européens peuvent également prendre en forêt du bois de chauffage et autres, moyennant certaines redevances, presque toujours très minimes.

La partie la plus importante de la mission du service forestier de la Tunisie consiste à mettre en rapport les 116.000 hectares de chêne-liège que l'Etat possède dans les deux circonscriptions de Tabarka et d'Aïn-Draham. Cette opération comprend les démasclages, l'établissement de tranchées de protection pour mettre à l'abri de l'incendie les massifs démasclés, la construction de sentiers et de routes pour faciliter la surveillance des forêts et le transport des produits ; installation de maisons forestières, aménagements d'eaux, comptages d'arbres, levés topographiques, fixations des limites de la forêt, etc., etc.

Chêne-liège. — Le chêne-liège couvre une grande partie des forêts de la Khroumirie, il y pousse fort bien et atteint des dimensions énormes. On le trouve dans tous les terrains et à toutes les altitudes.

La valeur du chêne-liège réside surtout dans son écorce, qui fournit le liège, dont la partie interne produit un tan très renommé. Son bois est impropre pour l'industrie, il se fend mal et pourrit facilement ; il n'est employé que pour le chauffage et pour faire du charbon. Les indigènes emploient les feuilles pour nourrir leurs bestiaux pendant l'hiver, et se servent également des glands pour leur nourriture.

L'écorce subéreuse naturelle du chêne-liège s'accroît avec l'arbre qui la produit et peut atteindre de 25 à 30 centimètres d'épaisseur. Elle porte le nom de liège mâle et est à peu près impropre à tous les usages auxquels le liège est affecté dans le commerce. On ne s'en sert guère que pour faire des flotteurs destinés à soutenir les filets de pêche, pour couvrir les gourbis dans les forêts ; enfin dernièrement on a trouvé son emploi dans la fabrication des briques et des plaques en subérine. En général, elle a une valeur trop minime pour pouvoir couvrir les frais de transport : aussi, la laisse-t-on pourrir sur place dans les forêts.

Démasclage. — L'opération qui consiste à détacher le liège mâle de l'arbre qui le produit, s'appelle démasclage. Elle a pour résultat de provoquer le développement d'une nouvelle écorce subéreuse qui porte le nom de liège de reproduction. Ce liège nouveau possède les qualités d'élasticité, de légèreté et de souplesse qui le rendent propre à tous les usages auxquels le commerce le destine. Son emploi principal est la fabrication des bouchons et des plaques de liège, celle des flotteurs pour appareils de sauvetage, etc...

Le chêne-liège peut supporter l'opération du démasclage dès qu'il a 30 centimètres de tour sous écorce, ce qui représente une circonférence extérieure de 40 à 50 centimètres. Les brins de semence atteignent cette dimension vers l'âge de trente ans, les rejets de souche entre 15 et 18. Actuellement on démascle des arbres de tout âge, on ne prend que les plus vigoureux, les autres sont destinés à être abattus pour la production du tanin. La hauteur moyenne du démasclage est de 1 mètre 60, la surface productive de chacun d'eux de un mètre carré environ. Le prix de revient du démasclage d'un arbre est en moyenne de dix centimes. Les travaux de démasclage exécutés par l'Etat font l'objet d'adjudications publiques ; les ouvriers employés à ces travaux sont généralement des Italiens.

L'opération du démasclage est assez simple : en haut et en bas de la partie à démascler, on fait dans le liège mâle une section circulaire au moyen d'une hachette jusqu'à l'écorce à tan, puis avec le même instrument on coupe longitudinalement de haut en bas dans le sens vertical, on martelle avec la hachette la surface du liège à enlever, on introduit le manche du même instrument taillé en biseau dans la fente et on soulève tout le liège mâle, laissant ainsi à nu la deuxième écorce. Cette opération pratiquée par des ouvriers exercés se fait très simplement et très vite, à l'époque de mai, juin. Les arbres demasclés ne sont l'objet d'aucun soin ; généralement au bout de 8 à 10 ans le nouveau liège est suffisamment épais pour être exploité.

Liège. — L'épaisseur minima des lièges de reproduction propres à être livrés au commerce est de 0 mètre 022 ; lorsqu'ils n'atteignent pas cette épaisseur, ils subissent une dépréciation des deux tiers aux trois quarts de leur valeur. Quand ils la dépassent, le déchet de la marchandise devient considérable, si on les emploie à leur principal usage, c'est-à-dire à la fabrication des bouchons. Pour enlever le liège de reproduction, on opère comme pour le démasclage, seulement avec un peu plus de précautions. Les conditions qui influent sur la croissance du liège étant très nombreuses, il arrive souvent que l'épaisseur du liège n'est pas partout semblable dans une même coupe, aussi est-il nécessaire de parcourir tous les deux ans chaque coupe de la forêt et d'enlever le liège à mesure qu'il arrive à l'épaisseur voulue par le commerce, sauf à laisser sur pied, pour être exploitées deux ans après, les écorces de qualité supérieure qui exigent une épaisseur plus considérable.

On appelle lièges gras, les lièges à croissance rapide; ils sont de qualité inférieure.

Les lièges de qualité supérieure sont à croissance longue.

Le liège ordinaire tient le milieu entre les deux. Quand le liège de reproduction a été détaché de l'arbre, on enlève sa partie extérieure qui est de consistance ligneuse, puis on le fait bouillir, on en forme des planches et on les met en balle. Ces diverses opérations portent le nom de râclage, bouillage, visâge et mise en balles.

Les frais d'exploitation du liège sont par quintal à peu près les suivants :

1° Frais de récolte, 26 arbres en moyenne par cent kilos de liège, en balle, à raison de 0 fr. 116 l'un, y compris l'augmentation de la partie démasclée.	3 »
2° Transport du liège du pied de l'arbre aux points de concentration sur les chemins.	1 »
3° Transport à Tabarka à dos de mulet, calculé sur une moyenne de 30 kilomètres, à raison de 1 fr. 75 la tonne kilométrique (en comptant 143 kilos pour 100 kilogrammes).	7 50
4° Râclage.	2 »
5° Ebullition, visâge et mise en balles.	1 »
6° Fourniture de fer feuillard pour confections de balles. . .	» 50
7° Frais généraux de surveillance, entretien du matériel, 1/10e des frais ci-dessus.	1 50
TOTAL.	16 50

L'expérience démontre que le liège, après un mois de levée, perd 33 % de son poids brut par dessiccation à l'air libre. L'ébullition, le râclage, le visâge des planches donnent lieu à un déchet qui varie de 18 à 30 %, suivant que le liège est de première, seconde ou troisième reproduction.

Pour 100 kilogrammes de liège de première reproduction, en balles, il faut 143 kilos de liège brut après un mois de dessiccation, soit environ 200 kilos de liège sur pied. En déduisant du prix de vente à Tabarka (environ 70 francs le quintal, liège mis en balles) les frais d'exploitation et de transport, il reste pour prix sur pied du quintal de liège visé 53 fr. 50, soit 26 fr. 75 pour prix du quintal brut sur pied.

Ce poids de liège récolté sur chaque arbre ayant été évalué à une moyenne de 7 kilos 500, et la durée moyenne de la reproduction estimée à 10 ans, le revenu en argent d'un chêne-liège démasclé est de 0 fr. 20 par année.

Le nombre total des chênes-lièges dans les deux circonscriptions d'Aïn-Draham et de Tabarka est d'environ 9 à 10 millions; actuellement il y en a 4.500.000 de démasclés. Quand la totalité de ces arbres sera démasclée et que tous les chênes-lièges donneront du liège de reproduction, le revenu annuel sera de deux millions de francs. De là il y aura à déduire les frais de personnel, de travaux d'entretien ; mais ces frais seront encore en partie couverts par la vente des coupes des chênes-lièges pour l'écorce à tan et des coupes de chênes zeens, et aussi par divers autres revenus, tels que le droit de pacage des porcs, la vente de bois pour la fabrication du charbon, etc. La première vente de liège aura lieu cette année près de Ghardimaou, et l'année prochaine, 1893, près d'Aïn-Draham.

Ecorce à tan. — Le deuxième produit que fournit le chêne-liège est l'écorce à tan. Cette écorce à tan est formée par la portion intérieure du système cortical comprise entre l'aubier et la partie subéreuse. On ne la récolte que sur les vieux arbres ou sur les pieds d'âge moyen qui ne sont pas démasclés. Elle comprend le liber et l'enveloppe cellulaire dont la partie externe est constituée par des cellules fortement incrustées formant un tissu de couleur rouge ocreux dans lequel se trouve la majeure partie du tanin. On évalue l'abondance de ce produit par l'intensité de la coloration rouge de l'écorce ; cette dernière est d'autant plus riche en acide tanique que l'épaisseur de la partie extérieure de l'enveloppe est plus développée. Cette écorce contient une moyenne de 19 % de tanin.

L'exploitation de l'écorce à tan dans les forêts de chênes-lièges porte sur les vieux sujets que leur âge ou leur état de végétation ne permettent plus de démascler. Ces arbres sont martelés et vendus chaque année en adjudication publique en très grande quantité, de sorte que ce déboisement rapide portant sur les arbres les plus vieux et par conséquent les plus grands, modifie davantage à chaque nouvelle coupe le caractère primitif et l'aspect grandiose des forêts de la Khroumirie.

La récolte est généralement achetée par des entrepreneurs presque toujours Italiens, et elle est aussi faite par des ouvriers Italiens. Elle a lieu du 15 mai au 1er septembre.

Ces ouvriers abattent les arbres, enlèvent le liège qui les recouvre, puis l'écorce à tan, la font sécher et la mettent en sac.

Ce travail se fait à la tâche à raison de 3 ou 4 francs le quintal, selon que les arbres sont éloignés ou rapprochés, ou qu'ils sont plus ou moins gros. Le prix moyen de l'exploitation est de 3 fr. 50 par quintal ; les ouvriers gagnent de 5 à 6 francs par jour. Malheureusement pour eux, ils ne peuvent toucher intégralement leur salaire et ils sont obligés d'en laisser la majeure partie à la cantine, car les entrepreneurs montent des cantines en forêt, où ils fournissent aux ouvriers tout ce qui leur est nécessaire, nourriture, boissons et vêtements, le tout à des prix très élevés ; ainsi, par exemple, un litre d'absinthe ordinaire qui se vend 0 fr. 90 à Aïn-Draham, coûte de 1 fr. 50 à 2 fr. en forêt ; un kilo de pomme de terre, coûtant 0 fr. 25 à Aïn-Braham, se paie 0 fr. 40 dans les cantines. D'après cela, chaque ouvrier est à peu près forcé, pour se mal nourrir, de dépenser au moins trois francs par jour. Il est bien entendu que les ouvriers sont obligés de prendre tout ce qui leur est nécessaire à la cantine de leur patron. De cette façon, l'entrepreneur, gagnant à peu près 100 pour 100 sur les denrées qu'il vend aux ouvriers, réalise ainsi des bénéfices considérables, car il emploie souvent plus de 200 ouvriers et diminue ainsi d'autant ses frais d'achat, de coupe et d'exploitation.

L'écorce à tan détachée de l'arbre par morceaux coupés aussi régulièrement que possible est étendue au soleil. La durée de la dessiccation varie de 3 à 5 jours; c'est la partie la plus délicate de l'opération, car si le tan est mouillé, il se couvre de moisissures, lesquelles peuvent aussi se développer par simple contact sur les écorces voisines encore non moisies. Elles détériorent ainsi en décomposant l'acide tanique qu'elles contiennent. L'écorce noircie perd une partie considérable de sa valeur et déprécie le stock dans lequel on la trouve.

Les écorces à tan de Khroumirie sont toutes exportées et sont embarquées au port de Tabarka. Le prix de vente est en moyenne de 16 à 17 francs le quintal, rendu à bord des navires.

Les frais d'exploitation et de transport peuvent s'évaluer comme suit :

Exploitation en forêt.	3 50
Ensachement et débardage.	» 30
Frais de sac et ficelle.	» 20
Transport.	1 50
Brûlage.	» 20
Prix d'achat.	7 »
Frais généraux couverts et au delà par le bénéfice des cantines.	
Aménagements des sacs qui sont mis en tas et bâchés sur la plage.	» 20
Frais de bâche.	» 10
Chargement et transport en barque jusqu'au navire.	» 30
Total. . . .	13 30

Les bénéfices que réalisent les entrepreneurs des écorces à tan nous paraissent excessivement rémunérateurs, et il est fâcheux que des Français ne viennent pas se mettre en ligne et réaliser d'aussi gros gains. En effet, presque toutes ces écorces à tan sont exploitées et expédiées par des Italiens en Italie surtout, un peu en Angleterre et en Portugal ; l'Italie en consomme à elle seule 80.000 quintaux métriques par an.

Toutes les années, la Khroumirie produit environ 30.000 quintaux d'écorce à tan, fournis par 19.000 arbres qui donnent à peu près une moyenne de 160 kilogrammes par arbre. Les forêts sont encore loin d'être épuisées, mais les coupes s'éloignent de plus en plus de Tabarka et d'Aïn-Draham, ce qui pourra augmenter les frais d'exploitation et de transport.

La moyenne des adjudications est de 200.000 fr. par année ; le prix d'un arbre est environ de 11 francs. Ces revenus sont assez sérieux et paient à peu près les dépenses de personnel et d'entretien ; malheureusement ces ventes n'auront évidemment lieu que pendant un temps limité et se termineront forcément par la disparition des vieux arbres ; il est vrai qu'à ce moment la vente des lièges compensera largement cette perte de revenu.

Le troisième produit du chêne-liège est le charbon que l'on fait avec le bois des arbres abattus et dont on a enlevé l'écorce à tan. Ce bois d'abatage appartient aux adjudicataires pendant tout le temps que leur cautionnement reste à la disposition de l'administration forestière. Pendant l'hiver qui suit l'exploitation des écorces à tan, les entrepreneurs sont obligés de faire le brûlage, c'est-à-dire de brûler toutes les petites branches des chênes abattus, de façon à ne pas alimenter les incendies qui pourraient avoir lieu pendant l'été. Cette opération du brûlage est généralement terminée au mois d'avril ; à cette époque, les adjudicataires retirent presque toujours leurs cautionnements et le bois d'abatage devient propriété de l'Etat, lequel le vend ensuite pour bois de chauffage ou pour faire du charbon.

Chêne zeen. — Le chêne zeen est une essence spéciale à la côte barbaresque, il croît dans les sols qui conservent de la fraîcheur pendant toute l'année. On le rencontre surtout dans les ravins profonds, à l'exposition du nord; ce n'est qu'au-dessus de 600 mètres qu'il se montre sur les versants exposés au midi.

Il présente à peu près dans toute la Khroumirie le même aspect, la même consistance et le même peuplement. Les chênes zeens sont généralement constitués par de vieilles futaies d'arbres de franc de pied, ou par de hauts perchis de rejets de souches venus à la suite des incendies et parsemés de réserves sur le retour, épargnés par le feu. Les uns et les autres sont arrivés à la dernière période de leur existence. Il est donc indispensable de les exploiter à bref délai ; pour ne pas s'exposer à perdre une partie du matériel qui dépérit de jour en jour. Le volume total actuellement exploitable en Khroumirie est de 250.000 mètres cubes environ.

Le chêne zeen pousse rapidement, il donne un bois nerveux, de couleur jaunâtre, quelquefois rosée, de consistance cornée. Les rayons médullaires sont nombreux, élevés, larges et très rapprochés. Le bois est lourd, sec ; sa densité est de 0,924 ; mouillé, il est plus lourd que l'eau ; il se dessèche difficilement. On a constaté que de grosses pièces n'avaient pas encore perdu toute l'eau qu'elles contiennent après dix ou douze ans de coupe. Son bois parfait résiste bien à la pourriture et se conserve longtemps, malgré les alternatives de sécheresse et d'humidité. Les compagnies de chemins de fer qui l'ont employé comme traverses, ont reconnu qu'il avait une durée supérieure à celle de toutes les autres essences.

Le zeen présente à la flexion une résistance considérable ; il a la fibre droite et est très propre à la fente; mais il a des tendances à se déjeter, à se gercer et à se fendre ; quand il est sec il est d'une dureté telle qu'on ne peut y enfoncer un clou. On peut en tirer cependant parti en prenant certaines précautions ; ainsi les arbres qui poussent au nord et aux hautes altitudes se tourmentent et se fendent moins que ceux qui ont poussé dans la plaine ; on devra abattre les arbres pendant l'hiver, les ébrancher et leur laisser passer l'été sous écorce, puis les débiter à l'automne, en échantillons aussi minces que possible et les immerger. Après un séjour de six mois à un an dans l'eau, on les fait sécher à l'ombre, en ayant soin de les aérer, d'éviter les brusques transitions de température, et surtout de les préserver du siroco.

Lorsque toutes ces précautions auront été prises pour l'exploitation du chêne zeen, il y aura possibilité de l'appliquer à des emplois plus nombreux qu'on ne l'a fait jusqu'ici, où il n'a guère servi qu'à faire des traverses de chemins de fer.

Cette année, on a commencé à mettre en vente des coupes de chêne zeen assez importantes, dans la vallée de l'Oued-Araoui, entre Babouch et Tabarka ; l'entrepreneur destine le bois à la confection de traverses de chemins de fer. Le chêne zeen est encore susceptible de donner des bois avec lesquels on peut faire des douelles pour foudres, du merrain, de la tonnellerie, du charronnage, des poutres, etc.

Un inconvénient considérable de toutes ces exploitations est la difficulté des transports. Des routes plus nombreuses et des voies ferrées à voie étroite s'imposent pour conduire tous les produits forestiers au port de la Khroumirie, c'est-à-dire à Tabarka ; une seule route carrossable existe, celle de Souk-El-Arba à Tabarka, et encore n'est-elle pas toujours en très bon état pendant l'hiver.

Chêne kermès. — Le chêne kermès ne se trouve guère en Khroumirie que dans les dunes de Tabarka, où il constitue des peuplements très serrés qui assurent la fixation des sables. Il est généralement à l'état de buisson. Le bois de chêne kermès est lourd, dur, compact, ne peut fournir que des bois de charronnage, du bois de chauffage et du charbon.

On emploie l'écorce de la racine comme écorce à tan ; elle porte le nom de garouille.

Cette écorce est très riche en tanin, elle en contient 23 0[0 ; on ne l'exploite pas en Khroumirie, les chênes servant à retenir les sables des dunes.

Charbons. — Jusqu'à ces dernières années, la production du charbon en Khroumirie était encore très faible. Depuis deux ans, les Italiens, après les coupes des arbres à tanin, ont commencé à s'installer à Aïn-Draham et font du charbon tout l'hiver.

Le procédé qu'ils emploient est des plus simples ; ils scient les troncs d'arbres et les branches à un mètre de longueur et les placent en meule d'après le procédé classique. Les charbonnières sont parfois très grandes, quelques-unes donnent jusqu'à 250 quintaux métriques de charbon.

Le bois employé en Khroumirie est presque exclusivement du chêne-liège, parfois de l'olivier sauvage (oléastre). Le charbon se vend en forêt en moyenne 4 francs le quintal ; une partie est employée à Aïn-Draham et Tabarka, l'autre partie est expédiée à La Calle et à Bône, quelquefois aussi à Souk-El-Arba.

La production du charbon pourrait être considérable si on employait tous les arbres qui pourrissent et qui se perdent en forêt.

Goudrons. — En Khroumirie, on fait fort peu de goudron, ce produit n'étant pour ainsi dire pas utilisé dans le pays ; on ne l'emploie que peu à Tabarka pour le goudronnage des barques. On peut faire le goudron avec le pin maritime qui se trouve à l'ouest de Tabarka, du côté de Bababrick, et avec les genévriers qu'on trouve sur les dunes. On peut employer pour cette fabrication le procédé arabe. Un trou cylindrique de $0^{m}80$ de profondeur sur $1^{m}10$ de diamètre, muni de deux portes diamétralement opposées, est creusé dans le sol et enduit intérieurement d'argile mouillée. Un vase cylindrique surmonté d'un couvercle est placé au milieu de ce trou, il communique par un tuyau souterrain avec un réservoir qui se compose d'un trou creusé en terre, garni intérieurement de plâtre ou de chaux et fermé par un couvercle en alfa tressé. Le goudron se condense dans ce réservoir.

Le vase intérieur est rempli avec le bois à distiller coupé en morceaux et refendu, si le diamètre des brins dépasse 8 centimètres. Les joints sont bouchés avec de la terre mouillée. Le trou cylindrique est chargé de bois auquel on met le feu et dont la combustion est activée par le courant d'air qui s'établit entre les deux portes. On renouvelle généralement le chargement une seconde fois dans la même fournée. Lorsque la température intérieure est suffisamment élevée, les vapeurs de goudron se dégagent et vont se condenser dans le réservoir. L'opération est arrêtée lorsque la distillation est complète. On peut faire deux fournées par jour et un homme suffit pour conduire quatre fours qui donnent à chaque cuisson 18 litres de goudron. On doit employer de préférence du bois mort, qui donne du goudron plus épais et meilleur.

Cannes. — L'exploitation des cannes est fort peu importante ; du reste, elle est trop peu avantageuse en comparaison des dégâts qu'elle cause aux boisements pour qu'il y ait intérêt à la favoriser. La Khroumirie peut fournir des cannes en bois d'olivier, de myrte, d'épine noire, quelquefois de poirier, de chêne-liège, et un peu de micocoulier et de houx.

Jusqu'à ce jour la coupe des cannes a été peu faite et peu demandée, elle paraît du reste peu rémunératrice.

Nous ne nous étendrons pas davantage sur les autres produits, tels que bois d'ouvrage, bois de tour, etc., que peuvent donner les diverses essences qui se trouvent dans les forêts de la Khroumirie ; cette partie est du reste fort bien traitée dans la notice des forêts de la Tunisie, publiée en 1889 par la direction des forêts.

ANIMAUX DOMESTIQUES.

Les animaux domestiques de la Khroumirie sont assez nombreux ; on rencontre : le cheval, mule ou mulet, âne, bœuf, mouton, chèvre, porc, chiens, lapin, poule, dindon, oie, canard, pigeon. Beaucoup de ces animaux n'existent dans la région que depuis l'occupation française.

Cheval. — En Khroumirie, on se livre peu à l'élevage du cheval, sauf dans les parties basses de la région. Le cheval khroumir est de petite taille (1 mètre 40 à 1 mètre 48), et généralement d'une assez belle conformation. Il est un peu panard des quatre membres, avec des hanches légèrement saillantes et des crêtes osseuses ordinairement prononcées ; la poitrine, paraissant un peu petite, possède des arcs costaux bien cerclés (arrondis), conformation qui donne une grande capacité à la cage thoracique : c'est ce qui explique la grande énergie de la race khroumire.

Dans bien des circonstances, nous avons pu remarquer certaines conformations défectueuses, mais en examinant attentivement ces sujets, il nous a toujours été donné de retrouver dans leur charpente osseuse des compensations qui rachetaient largement le manque de qualités requises des autres régions. La tête possède un cachet tout particulier, généralement allongée, un peu camuse ; au point de vue des attaches, elle est plaquée et son port est un peu vertical; cette disposition avantageuse pour le cavalier, au point de vue de la conduite de sa monture, « conformation très recherchée jadis, à la cour de France », nuit beaucoup à la vitesse et à l'énergie : 1° le centre de gravité se trouve porté trop en arrière, et 2° le canal aérien, doublé (brisé) pour ainsi dire, augmente la difficulté de pénétration de l'air dans les poumons.

En somme, pour le service auquel il est destiné, ce cheval possède de bonnes qualités constitutives.

Amélioration. — Avec une sélection bien entendue, on pourrait obtenir de brillantes qualités de ce petit cheval de montagne, d'une sobriété remarquable et d'une grande dureté à la fatigue :

1° Faire disparaître la mauvaise conformation de la tête ;

2° Obvier aux défauts de conformation des membres;

3° Nourriture plus abondante, surtout en orge. Presque jamais les indigènes ne donnent d'orge à leurs chevaux, qui se nourrissent de ce qu'ils peuvent trouver eux-mêmes dans les champs et dans la forêt ;

4° Leur construire des abris pour l'hiver ;

5° Ne commencer à faire travailler les jeunes chevaux qu'à 3 et 4 ans, au lieu de 15 à 18 mois.

Emploi. — Les Arabes emploient les chevaux comme monture et pour porter des fardeaux ; ces derniers sont parfois considérables : il n'est pas rare de voir un cheval khroumir avec un sac d'orge de 80 à 100 kilos et un Arabe par-dessus, ce qui fait environ

160 kilos, et l'animal passe dans des chemins à pic et rocailleux avec une sûreté de pied merveilleuse.

Les chevaux khroumirs ne coûtent pas cher ; un cheval de 3, 4 et 5 ans n'atteint presque jamais la somme de 150 francs; il se vend en moyenne de 60 à 100 francs.

Ane. — L'âne n'existe pas en grand nombre chez les Arabes khroumirs, ils emploient de préférence pour leurs transports les chevaux et les mulets. L'âne que l'on rencontre est le même que celui que l'on trouve dans les autres régions de la Tunisie.

Sa conformation est peu élégante : la tête est forte, le front bombé ; les yeux sont cachés sous des arcades orbitaires saillantes ; les ganaches sont bien écartées, mais lourdes, la croupe est maigre ; les membres bien musclés, à tendons solides, indiquent la force et la vigueur. La taille varie de 0 mètre 90 à 1 mètre 20 ; la robe est généralement gris souris, quelquefois noir mal teint ou blanc sale, avec la raie cruciale.

Généralement le bourricaut a l'air malingre, les os saillants et le dos couvert de plaies ; mais avec des soins, des ménagements et une bonne nourriture, il gagne beaucoup en élégance et en force. En résumé, le petit âne d'Afrique est un serviteur très utile, portant aussi bien le bât que la selle, et méritant à coup sûr beaucoup plus d'égards qu'on ne lui en accorde à l'ordinaire.

Mulet. — Les mules et les mulets sont assez nombreux en Khroumirie ; les Arabes les utilisent de préférence aux autres bêtes de sommes, aussi est-ce l'animal qui a le plus de valeur dans le pays. Une bonne mule coûte de 250 à 300 francs. Ces animaux se rapprochent un peu des mêmes animaux des pays montagneux de l'Europe. Ils sont d'une très grande sobriété, très durs à la fatigue ; exercés pendant leur jeunesse à l'amble, ils parcourent de très grandes distances à cette allure dans les chemins rocailleux et accidentés des montagnes khroumires, et parfois chargés de lourds fardeaux atteignant 100 et 150 kilos. Leur conformation est essez défectueuse : tête un peu longue et forte ; poitrine longue et peu profonde ; coudes serrés au corps ; reins longs, hanches saillantes, étroites et droites ; membres longs et grêles, souvent panards de tout le rayon osseux, articulations longues et peu larges, droits jointés généralement, sabots droits et étroits.

Amélioration. — Malgré cette structure qui est si défectueuse, on pourrait obtenir de cette race une conformation beaucoup plus harmonieuse, tout en lui conservant, bien entendu, ses brillantes qualités (sobriété, énergie, etc.).

La sélection bien comprise des mâles (baudets) et des femelles (juments), une bonne nourriture et de bons soins dans les deux premières années amèneraient certainement la création d'élégants et vigoureux animaux.

Dromadaires. — (Dans le pays, on le désigne à tort sous le nom de chameau.) Les Arabes khroumirs ne possèdent pas de chameaux, les quelques individus que l'on rencontre viennent généralement de Souk-El-Arba ; ils servent au transport de matériaux de toutes sortes.

Bovidés. — Les bœufs sont nombreux en Khroumirie : ce sont les animaux que les indigènes élèvent de préférence.

Cette famille de la race arabe possède des caractères particuliers que l'on rencontre généralement chez les ruminants des pays montagneux : taille petite, conformation défectueuse, squelette très développé, hanches trop rapprochées, cuisses minces et plates, poitrine étroite, côte sanglée en arrière des épaules, tête forte, garnie de longues et grosses cornes, et par-dessus tout une constitution la rendant difficile à engraisser.

Il ne faut pas cependant en conclure que cette conformation défectueuse exclue complètement toute aptitude à prendre la graisse. La conformation qui se rapprochera le plus de la régularité et de l'ampleur des formes, est toujours celle que l'on doit rechercher au double point de vue du travail et de la graisse.

Au point de vue de la netteté des membres et de la régularité des aplombs, ils laissent à désirer ; leur peau est épaisse, garnie de poils grossiers, leur cou long mal attaché, leur abdomen très développé.

Amélioration. — On doit rechercher le bœuf à deux fins, qui n'est engraissé généralement qu'après avoir travaillé pendant 5 ou 6 ans, travail pour lequel l'intégrité des membres est toujours une bonne chose à rechercher. On doit donc, en pareil cas, conseiller le croisement avec des races plus fines, de formes plus régulières, etc...

1° Chercher à améliorer, et 2° à perfectionner.

Régulariser la structure pour que les croisements soient faits utilement, se préoccuper en premier lieu du défaut dominant en conservant toujours les qualités acquises dans les deux sujets appareillés ; ne poursuivre qu'un seul genre d'amélioration à la fois, pour passer ensuite à la seconde, lorsque la conquête obtenue présentera un caractère durable.

Il est aussi indispensable de supprimer le mode d'élevage des Arabes, qui consiste à ne laisser téter le veau que le temps le plus court possible, à lui donner la quantité de lait nécessaire pour ne pas périr de faim, à ne jamais lui donner de nourriture et d'abri, même quand le sol est complètement couvert de neige. Les Khroumirs appliquent toujours ce même principe que l'animal doit par lui-même subvenir à son logement et à sa subsistance. Aussi pendant l'hiver 1891 ont-ils perdu le quart de leurs troupeaux de froid et de faim.

Emploi. — Les indigènes n'utilisent les bœufs que pour le labour; ils commencent à les faire travailler à la troisième année, et les vendent ensuite vers la septième ou huitième année, quand ils sont en bon état, aux mois de mai et juin.

Les vaches ne sont guère utilisées que pour la reproduction, le lait et la viande. Les Arabes ne vendent pas leurs veaux; ils prétendent que lorsqu'ils les enlèvent aux vaches à deux mois, les mères ne donnent plus de lait. Il faut même, pour traire les vaches, faire tout d'abord téter le veau, puis l'enlever au bout d'un instant. Une bonne vache khroumire ne donne guère plus de 5 à 6 litres de lait par jour, et encore pendant peu de temps après la parturition et au moment des pâturages.

Lait. — L'été, en juillet, août et septembre, la quantité de lait produite est très faible, 1 à 2 litres au plus. Dans cette période, les vaches ne mangent absolument que des herbes sèches ou de la paille ; mais en revanche le lait est très riche en beurre ; nous avons trouvé une composition moyenne pour un litre :

ANALYSE FAITE LE 12 AOUT 1891. — RÉSULTAT POUR UN LITRE.

Densité à + 25°	1025
Beurre	60 grammes
Cendres	7,50 —

Sucre de lait (lactine)	51 grammes.
Caséine et albumine	42 —
Eau	865 —
Extrait sec, à + 100°	160 —

Au printemps, au moment des pâturages, la composition moyenne du lait de vache est :

ANALYSE FAITE AU MOIS D'AVRIL; LES VACHES DONNENT EN MOYENNE 3 OU 4 LITRES DE LAIT PAR JOUR.

Densité à + 14°	1035
Extrait sec à + 100°	141 gr. 10
Beurre	36 gr. 50
Lactine (sucre de lait)	49 gr.
Cendres	7 gr. 60
Caséine et albumine	58 gr.
Eau	894 gr.

Ces chiffres nous montrent suffisamment que le lait des environs d'Aïn-Draham est très bon, même pendant la période estivale. Malheureusement les Arabes qui approvisionnent de lait le village et le camp, l'additionnent presque toujours d'une certaine quantité d'eau. Le lait n'est pas cher, il se vend généralement 25 centimes le litre. Si nous sommes privilégiés à Aïn-Draham pour la qualité de lait, il n'en est pas de même à Tunis, où beaucoup de fournisseurs ne vendent que du lait de qualité très inférieure ; certains d'entre eux l'additionnent d'eau, d'autres forcent leurs vaches en aliments aqueux, de façon à leur faire donner une grande quantité de lait. Ainsi chez un laitier de Tunis qui possède un beau troupeau de vaches venant des îles Pantellaria et de Sicile, nourries à l'étable avec des drèches, des figues de barbarie, de la luzerne verte, des plantes herbacées, résidus du marché de Tunis, le lait présente la composition suivante :

1° TRAITE DU MATIN. — Les vaches donnent une moyenne de 6 litres chacune :

ANALYSE FAITE LE 5 SEPTEMBRE 1891. — RÉSULTATS POUR UN LITRE.

Densité à + 29°	1030
Extrait sec à + 100°	116 gr. 15
Lactine (sucre de lait)	46 gr.
Beurre	21 gr. 50
Cendres (matières minérales fixes)	7 gr. 60
Albumine et caséine	41
Eau	914

2° TRAITE DU SOIR. — Les vaches donnent une moyenne de 4 litres chacune :

ANALYSE FAITE LE 7 SEPTEMBRE 1891.

Densité à + 25°.	1030
Extrait sec à + 100°.	139 grammes
Lactine.	46 —
Beurre.	27 —
Cendres.	7 gr. 65
Albumine et caséine.	48 gr. 35
Eau.	891

La moyenne des deux traites donne un lait contenant 24 gr. 25 de beurre par litre, quantité relativement très faible.

Chez un autre laitier possédant des vaches de race arabe, nourries au pâturage dans la journée et le soir à l'étable avec du fourrage vert (maïs, sorgho), les vaches donnent une moyenne de 4 à 5 litres de lait par jour ; la composition du lait est la suivante :

ANALYSE FAITE LE 9 SEPTEMBRE 1891.

Densité à + 27°.	1028
Extrait sec à + 100°.	130 gr. 06
Lactine.	46 gr. 5
Beurre.	31 gr. 3
Cendres.	7 gr. 25
Albumine et caséine.	45 gr. 55
Eau.	898

Ce lait est de beaucoup supérieur au précédent, mais est encore loin de valoir celui des environs d'Aïn-Draham. A Tunis, le lait se vend de 0,40 c. à 0,50 c. le litre.

Ces analyses montrent suffisamment que la quantité de beurre dans le lait varie beaucoup suivant la quantité de lait produit par la vache et suivant que sa nourriture est plus ou moins aqueuse.

Beurre. — Le beurre que fabriquent les Arabes est bon quand il est frais et fait proprement, mais presque toujours les indigènes le vendent quand il a commencé à rancir ; il sent presque toujours la peau de bouc. Ils le font de la manière suivante : le lait est mis dans un récipient en terre (marmite) jusqu'à ce qu'il soit caillé, puis le tout est introduit dans une peau de bouc qui est ensuite fermée. Les moukères attachent une extrémité de la peau de bouc à un trépied et impriment à cette peau des mouvements d'oscillation assez brusques jusqu'à ce que le beurre se soit entièrement assemblé en pelotte. A ce moment-là elles ouvrent la peau de bouc, enlèvent la pelotte de beurre et la lavent ; cette opération nécessite deux heures environ de travail.

Viande. — La viande de bœuf est très rare ; les animaux abattus sont généralement de jeunes taureaux de deux ans ou des vaches. Elle est presque toute l'année de qualité passable, mais elle pourrait être de bonne qualité si le prix de la viande était plus élevé ; le fournisseur la cédait à la troupe, l'année dernière, à raison de 0 fr. 85 le kilo ; cette année 1892, elle a encore augmenté : le prix est de 1 fr. 05. Ce prix, très rémunérateur autrefois, l'est beaucoup moins depuis la convention douanière, les bœufs entrant en franchise en Algérie et ne payant pas de droit d'exportation.

Les animaux abattus à Aïn-Draham pèsent en moyenne de 70 à 80 kilos de viande, poids net ; le boucher les paie de 55 à 70 francs selon la saison. On trouve couramment sur les marchés de la Khroumirie des bœufs ou vaches, en très bon état, pouvant donner de 100 à 150 kilogrammes de viande ; mais leur prix est assez élevé, 90-120 francs et plus, prix trop élevés pour que le boucher y trouve un bon bénéfice.

Dans la viande de bœuf on trouve parfois le cysticerque du ténia inerme, principalement dans la partie antérieure du corps. Le malade s'en débarrasse facilement en prenant une décoction d'écorce de racines fraîches de grenadier que l'on trouve sur place, en ayant soin de prendre, avant et après l'absorption du décocté un purgatif à l'huile de ricin. On trouve aussi assez souvent chez les animaux provenant des environs de Tabarka, la douve hépatique (*distoma lanceolatum*), qui occupe le foie et arrive peu à peu à détruire cet organe par le nombre des kystes et l'inflammation conjonctive scléreuse qui en est la conséquence. Les kystes subissent souvent la transformation purulente ou pierreuse (couleur noire). L'évolution de la maladie dure de 2 à 3 ans ; les bestiaux atteints deviennent d'abord gras, puis maigrissent rapidement et meurent enfin étiques et infiltrés. Le remède serait d'empêcher les bestiaux de pâturer dans les marais ou champs voisins de ces marécages.

Mouton. — L'élevage du mouton se fait sur une grande échelle en Khroumirie. De nombreux troupeaux trouvent leur pâture dans la forêt ou sur les petits plateaux avoisinants ; mais jamais les Arabes ne donnent de nourriture à leurs moutons pour les engraisser.

On ne rencontre chez les Khroumirs que le mouton à queue longue et mince, variété de moutons barbarins : le mouton à large queue, si fréquent dans le sud et dans le centre de la Tunisie, n'existe pour ainsi dire pas.

Cette race ovine présente des caractères typiques qu'il est bon de signaler : tête un peu forte, busquée, garnie toujours de cornes chez le mâle et pas chez les femelles ; cou long, poitrine étroite, reins longs, membres longs et grêles, hanches étroites, longues ; queue mince, conformation décousue, laine grossière peu ondulée. La toison est généralement blanche, quelquefois noire ou rousse ; les moutons blancs à tête noire sont fréquents.

Nous ne devons pas méconnaître l'importance qu'il y a à concilier, autant que possible, la production de la laine avec la production de la viande ; mais nous ferons remarquer avec juste raison que la production de la viande est le corollaire d'une culture intensive, tandis que le système pastoral favorise la production des races à laine.

Amélioration. — Des conclusions qui précèdent, on voit quelles sont les conditions qui s'imposent à l'éleveur dans l'amélioration de la race ovine khroumire : 1° but qu'il doit obtenir, laine; — or, comme la nature procède rarement par à-coups, il est bon de faire intervenir en première ligne la sélection, — puis ne se livrer aux croisements *ad hoc*, que 2° pour améliorer définitivement la finesse des toisons et leur plus grand rendement.

Emploi. — Les indigènes mangent avec plaisir de la viande de mouton ; il ne se passe pas de fête où ils n'en sacrifient.

La viande de mouton adulte n'est généralement pas de premier choix; elle est ordinairement dure, peu savoureuse, et a souvent l'odeur de suint. Le jeune mouton de 4 à 6 mois donne une chair assez bonne.

Un mouton adulte se vend en année moyenne de 9 à 10 francs ; actuellement il se paie sur les marchés de 15 à 17 francs et donne de 23 à 25 kilogrammes de viande, poids net.

La laine des moutons khroumirs est grossière, de qualité

médiocre ; une toison donne 2 à 3 kilos de laine brute et se vend 1 franc en moyenne. Les indigènes la mélangent avec des poils de chèvre pour fabriquer des sacs, des toiles de tente, etc. La tonte des moutons se fait généralement au mois de mai.

Chèvre. — On trouve en Khroumirie deux variétés de chèvres : la chèvre maltaise et la chèvre arabe. La chèvre maltaise n'existe que chez les Européens ; elle est trop connue pour que nous ayons à nous appesantir sur ses caractères. Disons seulement que ses qualités laitières si prononcées en font un animal précieux et qu'il serait utile de développer cette race chez les indigènes.

La chèvre arabe khroumire se rattache à la race nubienne. Elle est de taille moyenne, un peu plus forte cependant que les chèvres du sud (0 mètre 75), généralement noire avec des tons roux à l'extrémité des poils des flancs, de la croupe et des membres postérieurs. Le chanfrein est droit, le front bombé, les cornes se dirigent directement en arrière de haut en bas et de dedans en dehors, puis se recourbent assez brusquement pour contourner les oreilles ; celles-ci sont énormes, très longues et très larges, pendantes. Le menton est pourvu d'une légère barbe ; le poil est assez long, assez bien fourni et rude. Les mamelles sont peu développées. Après la parturition, la chèvre arabe peut donner jusqu'à deux litres de lait par jour, pendant deux mois, à la condition de recevoir une nourriture abondante et très aqueuse.

On trouve assez fréquemment des chèvres d'un pelage noir et blanc ; le blanc se rencontre surtout sur la face, aux extrémités des pattes, au poitrail et aux flancs. Enfin on trouve des chèvres gris cendré et parfois entièrement blanches, mais d'un blanc sale, jaunâtre.

Emploi. — Les Arabes élèvent la chèvre en vue de la production du lait, de la viande et de la peau. Vendue pour la boucherie, elle vaut de 12 à 15 francs et donne de 15 à 18 kilos de viande, poids net. Sa peau, qui est assez recherchée, se vend de 2 fr. 50 à 3 fr.

Le lait est généralement bon, quand il est recueilli dans des vases propres, il ne sent pas trop l'odeur de bouc et est assez gras. Sa composition moyenne au mois d'août est la suivante :

Densité à + 21°.	1024
Extrait à + 100°.	133 gr. 6
Beurre.	45 gr.
Lactine.	45 gr.
Cendres.	7 gr. 6
Caséine et albumine.	36 gr.
Eau.	890 gr.

Les chèvres donnaient en moyenne 1/4 de litre de lait par jour ; ce faible débit tient beaucoup à l'alimentation qui est formée de plantes sèches pendant l'été.

Au printemps, en avril, sa composition est de (les chèvres donnent de 1 litre 1/4 à 1 litre 1/2 par jour) :

Densité à + 14°.	35
Extrait à + 100°.	132 gr. 75
Beurre.	30 gr.
Lactine.	47 gr. 85
Cendres.	7 gr. 50
Caséine et albumine.	47 gr. 40
Eau.	893 gr. 25

A Tunis, les chèvres de même race, nourries avec quelques plantes herbacées vertes et avec des figues de barbarie, donnent à la même saison (été) un peu plus de 1/2 litre de lait par jour ; mais ce lait est un peu moins riche en beurre que celui des chèvres khroumires ; sa composition est la suivante (résultats pour un litre de lait) :

Densité à + 28°.	1025
Extrait sec à + 100°.	149 gr.
Beurre.	29 —
Lactine.	44 —
Cendres.	8 —
Albumine et caséine.	68 —
Eau.	876 —

Les chèvres maltaises nourries comme les chèvres arabes donnent un rendement de plus du double, près de 1 litre par jour ; seulement le lait est moins riche en matière grasse :

Densité à + 20°.	1028
Extrait sec à + 100°.	138 grammes
Beurre	35 —

Lactine.	47	grammes.
Cendres.	8	—
Caséine et albumine.	48	—
Eau.	890	—

Les chèvres maltaises de Tunis qui ont une nourriture aqueuse assez abondante et qui sont bien soignées, donnent en été, aux mois d'août et de septembre, un litre et demi par jour ; mais ce lait est de qualité très médiocre, il contient fort peu de matière grasse ; il est d'un blanc mat et peu agréable à boire ; sa composition est :

Densité à + 25°.	1028	
Extrait sec à + 100°.	123	grammes.
Beurre.	22	
Lactine.	49	
Cendres.	8	
Albumine et caséine.	48	
Eau.	905	

Ces analyses nous montrent suffisamment que la nourriture des chèvres influe beaucoup sur le lait, au point de vue de la quantité et de la qualité. Ce lait de chèvres khroumires peut donner, quand il est bien préparé, d'excellents fromages, comparables à ceux que l'on fait en France, et qui peuvent se conserver pendant plusieurs mois. Malheureusement les indigènes ne mangent pas de fromage et ne connaissent pas sa fabrication, perte réelle pour eux, car ils pourraient tirer de là d'assez gros bénéfices.

Porc. — Les porcs commencent à devenir nombreux en Khroumirie ; ils forment de grands troupeaux dans la forêt d'où ils tirent toute leur nourriture (glands des chênes-lièges et zeens, diverses espèces de racines, etc.).

L'élevage du porc n'est fait que par les Européens, les Arabes ayant une certaine répugnance pour cet animal.

La race khroumire n'est pas bien nette, elle appartient à la race Méditerranéenne, et comprend les variétés : algérienne, maltaise et napolitaine, mélangées parfois au sanglier. En effet, au moment où les truies sont en rut, il n'est pas rare de trouver auprès du troupeau d'énormes sangliers mâles qui attendent le moment opportun pour saillir les truies qui s'éloignent un peu du troupeau et du berger. Il arrive même fréquemment que des batailles s'engagent entre les vérats et les sangliers mâles. Les poils des porcs sont généralement pigmentés, couleur noire ou de suie ; la tête est allongée ; les oreilles courtes, dirigées en avant, surplombent l'œil et lui fournissent une espèce de marquise ; le rein, court, étroit et bombé, est presque toujours garni de soies longues et rudes ; les cuisses sont longues et minces : conformation peu propre à l'engraissement.

Les éleveurs vendent leurs porcs après la saison des glands, de décembre à mars. Les prix sont assez rémunérateurs, de 0 fr. 80 à 1 fr. le kilo de viande nette, vendue en gros, et 1 fr. 50 au détail, à Aïn-Draham. Le poids d'un porc dépasse rarement 100 kilos et donne une viande beaucoup moins savoureuse que celle du porc de France. Ils paient 3 francs par an et par porc de droit de pâturage à l'administration forestière.

Cette industrie paraît donner de bons bénéfices, car elle augmente toutes les années.

Chiens. — Les Arabes n'élèvent qu'une race de chiens, le kelb ou chien de douar, ou chien kabyle. Le kelb est le même que celui que l'on rencontre dans le centre et dans le sud de la Tunisie. De la taille du chien de la Brie, son extérieur rappelle dans son ensemble la conformation du chacal ; son poil est long, habituellement blanc sale ou jaunâtre, mais souvent il présente des taches foncées sur fond clair et quelquefois même il est franchement roux. Le museau est un peu effilé ; le front est large, bombé et présente une légère scissure médiane ; les oreilles sont courtes, droites et dirigées en avant ; les yeux noirs et très vifs ; le cou est épais, le corps arrondi, la queue en trompette et généralement déviée du côté gauche. Les membres sont gros et forts. Le poil, presque ras sur la tête, est long sur tout le corps, particulièrement au cou, à la queue où il forme panache, et à la face postérieure des membres.

Le kelb est préposé à la garde des douars, et il s'acquitte à merveille de cette fonction ; sa méchanceté native, encore accrue par les mauvais traitements, son hostilité pour les étrangers, l'acuité de son ouïe et de sa vue, la force de sa voix, la puissance de ses mâchoires lui rendent d'ailleurs la tâche très facile.

Les Arabes considèrent le chien kabyle comme un animal abject ; le mot kelb est un terme de mépris fréquemment usité.

Le malheureux kelb n'est l'objet d'aucun soin ; sa nourriture est souvent problématique ; il en est maintes fois réduit à éplucher les immondices et à chercher dans les tas de fumier une alimentation aussi rare que peu substantielle.

Slougui. — N'existe pas en Khroumirie, le pays est trop humide et trop froid pour lui et les espaces découverts trop petits pour qu'il puisse y chasser.

Chiens européens. — Depuis l'occupation française, on a introduit en Tunisie des chiens de la plupart de nos races françaises, les caniches, les épagneuls, les chiens d'arrêt à poil ras, les chiens courants.

Les *Caniches* sont assez nombreux dans les villages, aux environs des camps ; leurs races sont difficiles à définir. Ils s'élèvent et vivent avec la plus grande facilité ; quelques-uns sont élevés par les Arabes pour la chasse au sanglier.

Les *Epagneuls* s'accommodent très bien du climat, ils rendent d'assez bons services à la chasse au gibier d'eau et dans les broussailles.

Chiens d'arrêt. — On rencontre d'assez beaux spécimens de chiens d'arrêt à poil ras ; les braques font souche maintenant à Aïn-Draham et à Tabarka, résistent bien au climat et rendent de bons services à la chasse.

En fait de *chiens courants*, on ne trouve guère que le basset griffon ; ce chien est assez bien représenté ; peu sensible aux broussailles épineuses, il passe partout ; bien dressé, il est agréable à la chasse et peut poursuivre le lièvre pendant plusieurs heures ; généralement il ne chasse que le lièvre et quelquefois la perdrix et la bécasse.

Les chiens européens sont très souvent atteints du « rouge » ou gale des chiens, mais cet accident n'arrive guère qu'à ceux de ces animaux qui sont mal soignés et mal nourris.

ANIMAUX DE BASSE-COUR.

Lapin. — Le lapin n'existe pas chez les Arabes, il a été introduit en Khroumirie par les Européens, encore n'existe-t-il pas en grand nombre ; cependant il s'élève avec la plus grande facilité.

Parmi les oiseaux de basse-cour, nous rencontrons : canards, oies, dindons, poulets, pigeons, etc.

Les *canards*, *oies*, *dindons* n'existent que chez les Européens ; l'élevage de ces animaux est assez facile, à condition de ne pas trop se presser pour les couvées. A Aïn-Draham, il ne faut faire couver qu'à partir du mois de mai, jusqu'au mois d'août, pendant l'époque où les brouillards, les froids et les vents ont disparu. A Tabarka, on peut faire couver un mois plus tôt. Généralement les canes et les oies font des quantités d'œufs ; une cane en donne de 60 à 70, une oie de 30 à 40; mais en revanche elles ne couvent pas avec plaisir, et encore celles qui couvent n'amènent-elles que rarement à terme leur couvée. On obvie facilement à cet inconvénient en faisant couver les œufs par des poules qui, elles, demandent à couver trois ou quatre fois par an. On peut donner 10 à 12 œufs de cane et 4 à 5 œufs d'oie par poule.

Les dindons sont encore en petit nombre. Ils ne s'élèvent bien, eux aussi, qu'à condition de ne faire couver que pendant la période mai-août. La maladie du rouge ne les incommode pas trop.

Les *poulets* existent en grand nombre, les Arabes en élèvent beaucoup pour leur consommation. Ils forment une race peu définie (race africaine), plus petite que celle de France ; un poulet adulte donne rarement plus de 600 grammes de viande. Nous conseillerons aussi de ne faire couver que pendant la période de mai à août, pour les mêmes raisons, énoncées plus haut. Sur le marché d'Aïn-Draham, un poulet adulte se vend en moyenne à l'automne de 0 fr. 60 à 0 fr.75, l'hiver de 0 fr. 80 à 1 fr., et au printemps de 1 fr. à 1 fr. 20. Les œufs se vendent 0 fr. 50 la douzaine.

Les *pigeons* n'existent que chez les Européens, ils paraissent très bien supporter le climat, ils s'élèvent facilement.

MÉTHODE D'ÉLEVAGE DES ARABES.

Nous dirons, en général, que les Arabes sont peu soigneux de leurs animaux. Ils les laissent presque tout le temps en liberté, exposés à toutes les intempéries, aussi bien le jour que la nuit; ils ne prennent même pas la peine de leur construire des gourbis en branchages pour les abriter de la pluie, de la neige ou du soleil ; aussi, pendant l'hiver 1890-91, ont-ils perdu de froid et de faim des quantités d'animaux.

Ils ne se préoccupent jamais de leurs moyens d'existence ; pour eux, les animaux doivent trouver eux-mêmes leur nourriture dans les champs et dans la forêt ; quelquefois, pendant l'hiver ou pendant l'été, au moment où ils ne peuvent pas trouver leur pâture, ils leur donnent un peu de paille d'orge (teben), mais c'est l'exception. Ils ne laissent même pas le lait nécessaire aux petits veaux, chevreaux et agneaux ; aussi ces jeunes animaux sont-ils maigres, malingres pendant leur jeune âge, jusqu'à ce qu'ils puissent trouver eux-mêmes leur nourriture.

Les Arabes utilisent leurs bestiaux aussitôt qu'ils sont aptes à fournir le moindre travail ; ainsi les chevaux et mulets sont montés à partir du quinzième mois. Ils ne sont pas non plus difficiles dans le choix des mâles et des femelles. La sélection n'existe pas chez les femelles, toutes reproduisent et aussi souvent qu'elles le peuvent. Les mâles reproduisent aussi presque tous, car ils sont souvent mélangés aux femelles, même pendant la période du rut. Pour les chevaux et baudets, la monte se fait souvent sur les marchés par des animaux réputés bons, mais les Arabes ne font guère attention aux formes et à la structure de l'étalon. Chez les ruminants, les mâles sont constamment en troupeau avec les femelles, et c'est à peine s'ils font une légère sélection parmi les taureaux.

En somme, les Arabes khroumirs laissent à leurs animaux le soin de se nourrir et de se multiplier comme ils le peuvent.

AMÉLIORATIONS A APPORTER AU MODE D'ÉLEVAGE DES ARABES.

Nous avons vu plus haut que les races khroumires étaient loin d'être parfaites, mais que cependant elles étaient susceptibles d'être améliorées et pouvaient répondre aux besoins du pays ; nous conseillerons, pour arriver à ce but :

1° Une sélection sérieuse des animaux reproducteurs.

2° Une bonne nourriture aux jeunes bestiaux ; on laissera la quantité de lait nécessaire au premier âge, puis on leur donnera ensuite du fourrage vert : luzerne, trèfle, vesce, téosinte, betterave ; cette dernière vient partout et ne nécessite nullement d'arrosage pendant l'été. Aux animaux adultes on donnera du fourrage pendant les mois où il n'y a pas de pâturage. Il est facile, du reste, de se procurer du fourrage en récoltant au mois de mai les herbes qui poussent dans les champs incultes et dans les terres en friches.

3° Construire des gourbis en branchages et en dyss pour abriter les animaux, pendant l'hiver, de la pluie, du vent et de la neige.

4° Rechercher en France quels sont les types qui pourraient s'associer le mieux aux races khroumires et opérer des croisements utiles, tout en conservant les qualités de la race actuelle. Pour obtenir ce résultat, il serait bon que le Gouvernement tunisien vînt en aide aux indigènes et aux colons, qu'il leur procurât les animaux, les moyens et les indications nécessaires.

PROCÉDÉS DE CULTURE DES ARABES.

Nous avons vu, dans le cours de cet ouvrage, que les produits récoltés par les Arabes étaient peu nombreux et n'exigeaient en général qu'une faible dépense en argent et en travail.

Instruments. — Les instruments dont ils se servent sont très rudimentaires. Tous leurs instruments aratoires, charrues et jougs, etc., sont des plus simples.

La charrue arabe est l'araire réduite à sa plus simple expression. Elle se compose d'un soc en fer forgé en forme de sabot adapté à l'extrémité antérieure d'une pièce de bois horizontale : à l'autre bout est fixée une tige verticale munie d'une poignée servant à diriger la charrue ; entre le point d'attache à la tige verticale et le soc se fixe l'extrémité d'une pièce de bois recourbée en crochet qui relie la charrue au joug.

Cet instrument aratoire est, comme on le voit, fort simple et très léger ; les Arabes le manient facilement d'une seule main. Les Khroumirs n'emploient que les bœufs pour les labours, ils les accouplent au moyen d'un joug, simple pièce de bois de 2 mètres de long creusée légèrement en arc de cercle à chaque extrémité, de façon que la partie qui porte sur le garrot de l'animal soit suffisamment large ; le joug est maintenu sur le cou du bœuf par une corde qui passe sous les fanons. Il paraît que ce mode d'attelage est supérieur, pour les bœufs arabes, à celui qui consiste à fixer le joug derrière les cornes. Le laboureur conduit ses bœufs au moyen de l'aiguillon et du sifflet.

Le labour fait avec une semblable charrue n'est que superficiel, la terre n'est que grattée, mais fort peu renversée ; il n'a qu'un avantage, c'est d'opérer plus vite, de n'exiger que des bœufs de force moyenne et de pouvoir servir dans les terrains les plus mauvais, à pentes très raides et pierreuses. Ce système est, comme on le voit, très économique.

Les autres instruments employés sont encore très rudimentaires ; une espèce de pioche mal conditionnée leur sert à tous les besoins, pour biner, arracher les arbres, etc.

Pour moissonner et couper l'herbe, une espèce de faucille à main dont la lame, au lieu d'être affilée, est dentée en scie. Enfin une sorte de hachette leur sert pour couper leurs bois et fabriquer leurs instruments en bois et leurs piquets de tente. Ces divers outils sont généralement fabriqués par des Kaybles et vendus sur les marchés.

Semailles. — Les semailles de céréales se font généralement au mois de novembre, presque immédiatement après les premières pluies d'automne ; les indigènes font d'abord un premier labour, sèment la graine à la volée, immédiatement après, et recouvrent ensuite la semence au moyen d'un deuxième labour. Jamais ils ne mettent d'engrais, c'est à peine s'ils étendent le fumier laissé par les animaux dans leur campement auprès des tentes, quand ils ensemencent les anciens emplacements de leurs gourbis. Les terres ne sont fumées que par les excréments des animaux, quand ils sont au pacage.

Moisson. — L'époque de la moisson varie suivant l'altitude : ainsi, à Tabarka, on récolte l'orge en juin, tandis que, dans la montagne, c'est seulement au commencement de juillet. Le blé se récolte généralement trois semaines après l'orge.

La moisson se fait au moyen de la Mengel par tous les habitants de la tente, hommes et femmes ; on ne coupe les tiges d'orge ou de blé qu'à moitié de longueur, le chaume reste comme pâturage ; l'autre extrémité est mise en gerbe et est emportée avec l'épi et sera, après le battage, employée pour la nourriture des bestiaux (teben). La récolte est transportée au gourbi sur le dos des animaux et aussi sur celui des femmes de la tribu.

Battage des gerbes. — Le battage des gerbes se fait par le piétinement des chevaux, mulets et bourricauts, aux mois de juillet et août. Le grain est nettoyé en le projetant dans l'air, les jours de vent, puis finalement passé au crible ; enfin, quand il est à peu près propre, il est enfoui dans les silos ou vendu.

Assolements. — Les assolements n'ont absolument rien de régulier ; l'Arabe alterne surtout ses récoltes d'après ses besoins personnels ou la plus ou moins grande richesse du sol. En général, il fait alterner le blé et l'orge avec le sorgho et la fève, et quelquefois aussi son champ reste en jachères pendant plusieurs années.

Engrais. —Nous avons vu déjà que les Arabes n'en consomment pas, les Européens seuls s'en servent pour leurs jardins : les engrais sont généralement composés de fumier de cheval qu'ils prennent dans le camp ou chez les entrepreneurs de transports.

PRODUITS DE L'INDUSTRIE INDIGÈNE.

Les Khroumirs n'ont aucune industrie particulière, ils ne fabriquent que des objets de première nécessité, tels que leurs instruments aratoires, charrues et jougs, les fourches, les manches de pioche, etc. Comme objets en bois, ils font des cannes sculptées assez originales, ainsi que des cuillers et des fourchettes à couscouss.

Ils ne sont généralement pas tisserands : ils ne font que le tissu de tente, fait avec un mélange de laine et de poil de chèvre ; ce travail est fait par les femmes. Quelquefois ils teignent eux-mêmes leurs tissus, mais ne font que des couleurs simples ; ainsi la couleur noire se fait de la manière suivante :

On prend les feuilles du daphné daniculé (garou, en arabe *zaz*) que l'on fait sécher et que l'on pulvérise ; cette poudre est mise à bouillir avec de l'eau dans une marmite pendant 3 heures, puis ils ajoutent le dépôt ocreux (en arabe *titri*) que l'on trouve aux abords d'une source ferrugineuse, agitent le tout et plongent dans la marmite le tissu à teindre.

Pour faire la couleur jaune, les Arabes se servent de l'écorce du nerprun alaterne (*aoud el khir*) qu'ils font sécher et qu'ils réduisent en poudre. Ils opèrent comme précédemment et ajoutent de l'alun.

La couleur rouge se fait avec la racine de garance réduite en poudre que l'on fait bouillir 3 à 4 heures ; on plonge le tissu, on l'agite dans tous les sens dans le décocté, puis on le retire, on l'essore, on l'étend et on le saupoudre, avant de le faire sécher, avec des cendres de figuiers.

Les couleurs ainsi préparées paraissent être assez solides.

IMPOTS.

Les Khroumirs ne paient que trois impôts : la Medjeba, l'Achour et le Mahsoulat.

La *Medjeba* est l'impôt de capitation et se paie à raison de 45 piastres 1[4 depuis l'âge de 18 ans. Sur cet impôt, 40 piastres (1 piastre vaut 60 centimes) reviennent au Gouvernement, 2 piastres au caïd, 2 piastres au cheik, et 1 piastre 1[4 au secrétaire pour frais de quittance.

Sont exempts de cet impôt tous les vieillards, les infirmes sans fortune et les indigents, sur la proposition, au moment du recouvrement, des cheiks et des notables qui font une déclaration devant les adouls (notaires).

Très souvent, quand il s'agit de faire payer pour la première fois la medjeba aux Arabes, des difficultés surgissent au sujet de l'âge des intéressés (les registres de l'Etat civil n'existant pas chez les Khroumirs) ; alors les caïds emploient fréquemment un vieux procédé empirique pour savoir approximativement l'âge de leurs subordonnés. La circonférence du cou prise avec une ficelle à sa partie moyenne, on double la longueur de cette ficelle, on en fait tenir entre les dents incisives les deux extrémités et l'on embrasse le sommet de la tête avec l'anse qui en résulte. Si la ficelle passe librement par-dessus le vertex, l'Arabe doit payer l'impôt de Medjeba ; si, au contraire, l'anse se trouve trop étroite, on en conclut que l'individu est trop jeune.

Cette manière de faire n'est pas nouvelle, nous la retrouvons décrite par Màlgaigne. « Les Anciens pensaient que le cou grossissait chez la femme immédiatement après les approches de l'homme, et cette idée s'est conservée dans le peuple jusqu'à nos jours. Ainsi quelques matrones mesurent encore la circonférence du cou d'une jeune mariée le jour et le lendemain des noces ; d'autres vont plus loin et prétendent pouvoir reconnaître la virginité par le procédé que nous avons indiqué plus haut. Les physiologistes ont dédaigné ces traditions populaires ; je dois dire cependant que, sans leur accorder une grande valeur, elles ne sont pas sans quelque fondement. Ainsi, à moins de goître ou d'une difformité quelconque, j'ai toujours vu l'anse du fil trop étroite chez des jeunes filles de 1 à 20 ans dont les mœurs ne pouvaient être soupçonnées ; chez les femmes mariées depuis plusieurs années, le cou est certainement plus large, et il m'a paru qu'il s'élargissait surtout par l'effet de la grossesse et de l'accouchement. » C'est sans doute pour le même motif que les caïds se basent pour savoir à peu près si un Arabe approche de 18 ou de 20 ans, les Khroumirs étant presque toujours mariés à partir de cet âge.

L'impôt *Achour* est le dixième de la recolte des céréales ; il se paie de deux façons, en argent ou en nature. En Khroumirie, c'est en argent, à raison de 56 piastres 2 caroubes (1 caroube vaut 4 centimes) pour une mechia labourée (1 mechia vaut 6 hectares), dont 50 piastres pour le Gouvernement, 2 piastres pour le caïd, 2 piastres pour le cheik et 2 piastres 2 caroubes pour les frais.

L'impôt *Mahsoulat* est l'impôt des marchés ; il est identique à celui que l'on perçoit dans les autres parties de la Régence. Cet impôt se répartit sur presque toutes les denrées vendues sur les marchés. Il est de beaucoup trop élevé, et c'est celui de tous les impôts qui pèse le plus lourdement sur les indigènes. Ainsi, tous les animaux : bœufs, chevaux, moutons, chèvres, paient un droit de 6 fr. 40 pour 0|0, et comme les troupeaux constituent la seule richesse des Khroumirs, on voit d'après cela combien les transactions les plus nécessaires sont grevées et rendues onéreuses pour une population déjà si pauvre.

Les Européens sont également soumis aux impôts *Achour* et *Mahsoulat*.

COLONISATION.

Cette question de la colonisation en Tunisie est encore très complexe et elle ne paraît pas devoir être résolue de si tôt. Cela dépend en grande partie de l'état politique de la France dans la Régence, de la difficulté qu'ont les colons à se procurer des terrains, de la répugnance qu'ont à quitter la France la majorité des paysans, de leur crainte de risquer leurs capitaux dans un pays qu'ils ne connaissent pas, et aussi de leur ignorance sur la valeur des terrains et sur les moyens de tirer parti de la richesse du sol Tunisien.

Le régime du Protectorat permet d'administrer le pays avec moins de frais et de percevoir tous les impôts qui font de la Tunisie un pays de grand rapport, au point de vue fiscal. Ces impôts pèsent surtout sur le producteur et sur le négoce des matières premières ; nous avons vu que l'impôt achour est énorme et que celui de mahsoulat pèse non moins sur les transactions commerciales. Il y aurait de ce côté, à notre avis, des réformes sérieuses à faire, et c'est du reste le *desideratum* de tous les colons.

Une question des plus importantes est aussi celle de la propriété des terrains. Il est fort difficile à un colon d'acheter une terre à un indigène, sans qu'il y ait de suite des revendications de la part d'autres indigènes qui tous se disent propriétaires et présentent des titres plus ou moins authentiques, de telle sorte que, presque chaque fois qu'un Européen achète une propriété, il y a, en général, matière à procès. Le Gouvernement, pour obvier à cet inconvénient, a institué le service des immatriculations, qui a le défaut de coûter assez cher. En Khroumirie, la question des terrains est peut-être encore plus complexe que dans les autres contrées de la Régence. Les Arabes ne possèdent pas de titres de propriété, ils sont propriétaires par l'usage et la coutume et ne sont nullement disposés à vendre la plus petite parcelle de terrain ; ils redoutent le voisinage du roumi, qui amène des contestations fréquentes et par suite des assignations devant la justice de paix.

Une grande partie des terrains de la Khroumirie est détenue par le service des forêts, car toute la partie boisée appartient à l'Etat tunisien, d'après une loi énoncée dans le Koran ; disant que toutes les terres vaines et vagues ou terres mortes ne sont la propriété de personne et servent pour le pâturage et les besoins de ceux qui habitent dans leur voisinage, à la distance d'une demi-journée de marche. Suivant la doctrine du Khelil, le commentateur le plus autorisé du rite malékite, les forêts peuvent être concédées temporairement à des particuliers par le chef de l'Etat, qui réunit les pouvoirs religieux, civils, politiques et judiciaires. Il peut également réserver une partie des forêts pour un service public et doit, dans les régions voisines des centres de population, approuver toute prise de possession des terres mortes par un particulier. Nul ne peut donc, à l'origine, acquérir la possession d'un massif boisé sans l'autorisation du souverain ou de celui à qui il a délégué ses pouvoirs.

Conformément à ces principes, la loi du 16 juin 1851, constitutive de la propriété en Algérie, a décidé que les forêts faisaient partie du domaine de l'Etat, sous la réserve des droits de propriété et d'usage régulièrement acquis avant sa promulgation. Les mêmes dispositions de la loi islamique sont applicables en Tunisie qui, en droit musulman, fait partie du Maghreb au même titre que l'Algérie, et est soumise au même régime législatif.

Une loi spéciale n'est donc pas absolument nécessaire pour déclarer propriété de l'Etat les forêts du territoire de la Régence.

Beaucoup de ces terrains mis en possession du Gouvernement sont aptes à la culture, et ils pourraient être concédés à des colons français, ou même aux indigènes qui manquent de terrain à cultiver.

Les enclaves ou terrains cultivables, entourés de tous côtés par la forêt, appartiennent également à l'Administration forestière, qui les considère comme faisant partie de la forêt elle-même.

Cet état de choses est difficilement supporté par les indigènes, et il faut voir là, avec le désir de se créer des pâturages, les causes principales des incendies qui viennent presque chaque année ravager en été quelques parties des forêts de la région.

Ainsi donc le Gouvernement pourrait faciliter l'achat des terrains aux colons par les moyens qui lui paraîtront les plus convenables, soit par des agents spéciaux, ou tout simplement par les autorités existantes : bureau de renseignements, contrôleurs civils et caïds ; qu'il fasse connaître les terrains disponibles et pouvant s'acquérir dans de bonnes conditions, et il est fort possible que ces appels étant connus en France, un grand nombre de colons pourront venir, certains alors de bien se caser et de gagner leur vie. Il nous semble peu utile de créer de toutes pièces des villages coûteux, comme ceux qui avoisinent Aïn-Draham, comme Rem-el-Souk, El-Aioum. Les colons sauront eux-mêmes former leurs villages et placeront leurs maisons au mieux de leurs intérêts. Il suffirait seulement de leur montrer ce que peut produire la terre et les avantages particuliers que peuvent donner certaines cultures.

Pour nous, la Khroumirie n'est pas un pays à grande culture ; il n'y a que la plaine de Tabarka où l'on puisse créer de vastes propriétés ; mais ce pays convient parfaitement bien à l'installation de petites fermes qui ne nécessiteraient pas l'emploi de grands capitaux. Nous avons dit, dans cet ouvrage, que presque toutes les cultures européennes réussissaient bien, que les récoltes étaient, en général, abondantes, que l'on n'a pas à craindre les grandes sécheresses, comme dans le centre et dans le sud de la Régence.

De plus, ce pays convient fort bien à l'élevage des animaux domestiques, notamment des bovidés, ovidés et des porcs.

Grâce au grand nombre des cours d'eau et des sources dans la montagne, on peut créer très facilement des jardins potagers, des vergers productifs, et même des vignobles, surtout dans la partie de la montagne avoisinant la plaine. Enfin le climat de la Khroumirie est relativement très sain, mais il faut avoir soin de bâtir les maisons sur les hauteurs et loin des points marécageux.

Pour l'instant, ce pays khroumir est peut-être le plus misérable de la Tunisie, mais il faut dire aussi que ses indigènes sont bien les plus paresseux que nous ayons connus.

Les efforts que nous avons faits pour développer chez eux certaines cultures, notamment celle de la pomme de terre, ont encore peu réussi ; beaucoup ont reconnu son utilité, mais peu consentent à la cultiver ; il faut constamment les stimuler, leur fournir les semences et les prier de vouloir bien ensemencer quelques champs. Ces Arabes sont tellement retardataires en fait de civilisation, qu'il serait presque nécessaire d'employer à leur égard la force et les récompenses, et commencer par obliger les chefs, caïds et cheiks, à donner l'exemple. Alors peu à peu leurs administrés apprendraient les avantages de la culture de la pomme de terre et des autres plantes utiles importées dans le pays. Par de légères récompenses, comme la réduction de certains impôts, on arriverait certainement à les y habituer. Ils se trouveraient ainsi à l'abri de la famine qui, certaines années, sévit si cruellement.

En résumé, si on veut apprendre aux Khroumirs d'autres cultures que celles dont ils ont l'habitude, il faut non seulement leur donner à ce sujet les indications nécessaires, mais le faire encore avec persévérance et renouveler les tentatives : car ils sont très ignorants et fort entêtés dans leur routine. Il faudrait même joindre à ces moyens une certaine pression exercée directement sur eux par leurs chefs, car, lorsqu'ils sentent au-dessus d'eux l'autorité et la force, ils sont, comme la plupart des Arabes, soumis et dociles, tandis que la compréhension même de leur propre intérêt ne suffirait sans doute pas à leur faire vaincre leur apathie habituelle.

Avant de terminer ce chapitre de la colonisation, nous croyons devoir dire quelques mots sur les principaux points habités en Khroumirie et servant de résidence aux Européens depuis l'annexion. Il est évident que les colons qui viendront, à l'avenir, se fixer dans le pays feront choix pour s'installer d'un de ces centres, ou bien s'en tiendront à proximité. Il importe donc d'étudier les trois principaux : Fernana et surtout Aïn-Draham et Tabarka, au point de vue des avantages et des inconvénients qu'ils peuvent présenter sous le rapport sanitaire, et aussi pour la facilité des transports, les ressources qu'on y trouve, et enfin indiquer celle de ces résidences que le colon devra préférer, d'après le genre d'exploitation qu'il aura choisi.

Fernana. — Ce point est de beaucoup le moins important au point de vue de la quantité d'Européens qui y résident ; cependant il est favorablement situé dans la vallée de l'Oued-Ghazella, sur la route même d'Aïn-Draham à Souk-El-Arba, et il est entouré de tous côtés de terres très favorables à la culture. Ces terres sont presque toutes cultivées par les Arabes, pour qui Fernana est un centre important, car il s'y tient, chaque dimanche, un marché très considérable, où les indigènes viennent de fort loin. Ce marché est situé sur tout l'emplacement qui environne un énorme chêne-liège isolé en cet endroit et qui est le premier arbre de cette espèce qu'on rencontre en venant de Souk-El-Arba.

Actuellement les habitations européennes se réduisent à deux ou trois cantines, formant des auberges, en général, peu confortables, mais où les voyageurs peuvent néanmoins trouver un abri et une nourriture convenables. Fernana est le gîte obligé des conducteurs d'arabas et des convois aux troupes de l'armée, qui de Souk-El-Arba vont à Aïn-Draham. Il se trouve justement à moitié chemin de l'un et de l'autre point (20 kilomètres). La route, sans être parfaitement entretenue, est cependant empierrée, et carrossable en toutes saisons. L'administration des ponts et chaussées est forcée d'exécuter de continuelles réparations sur cette route, surtout dans la partie comprise entre Fernana et Aïn-Draham, car dans presque toute la montagne on ne trouve, pour empierrer les chemins, que des grès sablonneux peu consistants et très friables, qui, au bout de peu de temps, s'effritent et disparaissent en poussière ; d'où nécessité de réparations incessantes. Cette route est la seule voie officielle et entretenue par l'administration qui traverse la Khroumirie ; un peu au delà d'Aïn-Draham, à un endroit appelé Babouch, elle se bifurque pour aller à La Calle d'une part et à Tabarka de l'autre. Nous reviendrons, du reste, sur ce sujet à propos des postes d'Aïn-Draham et de Tabarka. Il résulte de cette situation que cette voie est très fréquentée et qu'il y a toujours à Fernana des Européens de passage. Une voiture publique fait deux fois par semaine le voyage de Souk-El-Arba à Aïn-Draham. On voit donc qu'au point de vue de la facilité des transports, Fernana est un point favorablement placé, et que, si on ne trouve pas sur les lieux mêmes toutes les ressources nécessaires, il est relativement facile de se les procurer à Aïn-Draham ou à Souk-El-Arba.

Au point de vue sanitaire, Fernana laisse à désirer ; cependant, en prenant certaines précautions, on pourrait éviter en grande partie les inconvénients que présente cette résidence pour la santé des colons. Il importerait d'abord de choisir les endroits destinés aux habitations assez loin de l'oued, et autant que possible dans une situation élevée sur le flanc des collines avoisinantes, car l'Oued-Ghezalla déborde souvent et des terrains marécageux se forment dans la vallée, d'où production des fièvres paludéennes, qui ont jusqu'à présent atteint les Européens résidant ou séjournant à Fernana. Il est certain que des travaux de curage de l'oued et de drainage des champs voisins, convenablement exécutés, remédieraient en grande partie à ce mal.

Un autre inconvénient que présente la résidence de Fernana, c'est le manque d'eau potable de bonne qualité ; il n'y existe en effet, jusqu'à présent, que de l'eau de puits ou de l'eau d'une petite source mal aménagée et de qualité inférieure. Toutefois, les sources étant très abondantes sur les montagnes voisines, il ne serait ni difficile ni très coûteux d'approvisionner d'eau convenable un village européen créé à Fernana.

Aïn-Draham. — A vingt kilomètres environ de Fernana, on trouve le poste d'Aïn-Draham, situé à peu près au centre du massif montagneux khroumir, à 18 kilomètres de la mer et dans une position dominante. Il est établi à une altitude moyenne de 800 mètres sur le flanc N.-O. de la montagne appelée Djebel-Bir, qui est la plus haute de la région et au sommet de laquelle on a établi depuis quelques années un blockaus (1050 mètres).

Un éperon se détache du Djebel-Bir et va, en s'abaissant par plateaux successifs, rejoindre la montagne opposée, le Djebel-Fersig (au sommet de laquelle est aussi un blockaus). Cette sorte d'arête forme comme une muraille de trois kilomètres allant d'une montagne à l'autre et servant de ligne de partage des eaux entre le versant méditerranéen et celui de l'Oued-Tessala. C'est sur les plateaux étagés qui constituent cette arête que se trouve bâti le camp d'Aïn-Draham, dont les divers groupes de baraquements forment un total assez considérable. On y voit d'abord tout en haut l'habitation du commandant d'armes, bureau de la place, cercle militaire, et quelques baraques d'officiers, puis, juste au-dessous, l'hôpital militaire, et plus bas les baraquements de Biscuitville dans la direction N.-O et ceux du quartier F dans la direction N.-E. Plus au N.-O. encore et en contre-bas se trouvent les constructions du Bureau des renseignements et la Justice de paix. Sur le flanc même du Djebel-Bir, à l'endroit où s'en détache l'éperon, se trouvent divers locaux accessoires, baraques d'officiers, baraques du génie, Trésor, etc. Tous ces locaux sont exclusivement réservés à la garnison composée d'un bataillon de zouaves (moins une compagnie qui est à Tabarka), d'un détachement du train, génie et infirmiers, en un mot des services auxiliaires nécessaires, ce qui forme un total de 5 à 600 hommes.

Quant à la population civile du poste, elle est presque exclusivement européenne et habite le village d'Aïn-Draham, situé au-dessus du camp, dans la direction S.-O., et constitué par des maisons, baraques et constructions diverses, bâties assez irrégulièrement çà et là, mais en général groupées de manière à former comme une longue rue à droite et à gauche de la route. Toutes ces maisons appartiennent à des Européens et sont construites soit en maçonnerie, soit en planches. La gendarmerie est située dans le village même. La population, qui se monte à 302 habitants, est formée surtout de Français, d'Italiens et d'Espagnols.

POPULATION SÉDENTAIRE.

Français.	42	familles	114	habitants
Italiens.	25	—	82	—
Espagnols. . . .	8	—	27	—
Anglo-Maltais. . .	1	—	5	—
Suisses.	2	—	2	—
Grecs.	1	—	1	—
Tunisiens (israélites).	1	—	1	—
Total.	80	familles	232	habitants

POPULATION FLOTTANTE.

Français.	15	habitants
Italiens.	35	—
Indigènes algériens.	20	—
Total.	70	habitants

Aïn-Draham, comme Tabarka, étant sous le régime militaire, il n'y a pas de municipalité constituée. Le commandant d'armes remplit les fonctions de maire ; celles de juge de paix sont assurées par un capitaine assisté d'un adjudant comme greffier-huissier. Ce tribunal ne s'occupe que des affaires entre Européens ou entre indigènes et Européens. Les Khroumirs ont, comme nous l'avons dit, leur justice particulière et indigène pour régler leurs différends personnels.

A quelque distance d'Aïn-Draham se trouve un groupe de constructions bâties près de la source d'Aïn-Draham même : c'est la maison forestière, où habitent un inspecteur des forêts et quelques gardes.

Le service religieux, à Aïn-Draham, est assuré pour les civils et la garnison par un prêtre séculier.

Il n'y a pour servir aux exercices du culte que la chapelle de l'hôpital militaire.

La plupart des Européens établis à Aïn-Draham ne sont venus s'y fixer que par suite de l'existence d'une garnison ; sans le bataillon de zouaves et les autres troupes, le commerce serait absolument nul. Mais à côté des fournisseurs (boulangers, épiciers, bouchers, débitants, etc.), on voit encore quelques Européens qui s'occupent de l'exploitation du liège et du tanin, de la fabrication du charbon et de l'élevage des porcs. On trouve à Aïn-Draham à peu près toutes les ressources matérielles nécessaires ; les transports se font facilement dans la direction de Souk-El-Arba et de La Calle, plus difficilement dans celle de Tabarka, où la route sera moins bonne tant que les ponts (1) de la plaine ne seront pas terminés. Pour les voyageurs, une voiture publique fait le service deux fois par semaine de Souk-El-Arba à Aïn-Draham, et une autre de ce dernier point à La Calle. Un seul hôtel existe, très suffisant pour le pays et permettant aux étrangers de séjourner à Aïn-Draham.

Des deux médecins militaires résidant dans ce poste, l'un est chargé du service médical civil. Il y a chaque jour consultation au bureau des renseignements pour les Européens et les indigènes.

Un crédit, ouvert par le Gouvernement tunisien, permet de donner à ces derniers des médicaments gratuits. Les civils européens et indigènes, dans quelques cas spécifiés, peuvent être admis à l'hôpital militaire et y être traités soit à leurs frais, soit gratuitement, quand ils appartiennent à la nationalité française (Algérie comprise), ou à une nation dont le gouvernement a conclu avec le gouvernement français un arrangement pour rembourser les frais d'hospitalisation (Italiens). Les femmes ne peuvent être admises à l'hôpital d'Aïn-Draham que pour accouchements.

Bien que les sources soient abondantes tout autour du poste, l'altitude relative d'Aïn-Draham a fait que jusqu'à présent une seule fontaine d'eau potable existe dans le camp. Les habitants du village et aussi la garnison, pendant l'été, sont obligés d'aller chercher leur eau à une fontaine construite à environ 800 mètres

(1) Les ponts de la plaine de Tabarka sont actuellement terminés.

d'Aïn-Draham, dont l'eau, très abondante, est d'excellente qualité. Cet inconvénient va disparaître, car on va capter la source dite du 18e, et sous peu, on aura une fontaine au milieu même du village, pouvant répondre à tous les besoins et en toute saison.

Les colons voulant s'occuper de la culture des céréales et de celle de la vigne feront bien de ne pas se fixer à Aïn-Draham même, où l'étendue restreinte des terrains cultivables, jointe à la nature montagneuse du sol, rend le labourage très difficile ; d'un autre côté, le climat de ce poste, à cause de ses variations excessives et de sa température trop basse pendant 6 mois de l'année, ne rendra pas prospère la culture de la vigne, et les régions avoisinant directement la plaine de Tabarka conviendront beaucoup mieux pour ce genre de plantation. A Aïn-Draham, l'industrie la plus facile pour un colon serait encore l'élevage du bétail, pratiqué comme le font certains Européens pour l'élevage du porc ; c'est-à-dire construction d'abris en bois et broussailles pour les animaux pendant l'hiver, ce qui ne serait guère coûteux, étant donné l'abondance du bois, puis surtout récolter en temps utile du fourrage nécessaire pour nourrir le bétail pendant l'hiver et une partie de l'été. Rien ne serait plus facile que de couper au mois de juin, dans les espaces incultes et non boisés qui abondent aux environs, tout le foin qui y pousse. Ce foin, sans être de première qualité, est cependant bon et parfaitement suffisant pour bien nourrir des bestiaux, surtout si on a soin de le couper de bonne heure, quand les diverses herbes dont il se compose sont encore tendres, et d'éviter de le récolter dans les endroits où il est par trop mélangé de chardons. En construisant avec ce foin des meules situées à proximité des abris d'hiver bâtis pour le bétail, on assurerait la subsistance des animaux à bien peu de frais et on obtiendrait d'excellents résultats. La race des bestiaux khroumirs est bonne, bien que ceux-ci soient de petite taille, et, si jusqu'à présent on n'en a pas tiré tous les profits qu'on doit en attendre, c'est à cause de la négligence, de la routine obstinée des indigènes, et aussi de l'absence de toute tentative d'élevage rationnel essayé par un Européen.

L'exploitation du liège, celle du tanin et la fabrication du charbon resteront pendant longtemps encore les principales branches d'industrie pour les Européens d'Aïn-Draham.

Sans aucun doute on verra aussi des mines se créer dans la

région khroumire, comme on en voit déjà dans les régions voisines. La plupart de ces exploitations, commencées il y a seulement quelques années, sont en voie de prospérité, et, d'après tous les indices, on peut affirmer que les montagnes d'Aïn-Draham ne doivent le céder en rien, en fait de richesses minières, aux montagnes voisines.

En résumé, Aïn-Draham nous paraît appelé, sinon à prendre dans l'avenir une grande extension, du moins à rester toujours un centre absolument nécessaire au commerce et à l'exploitation, non seulement servant d'intermédiaire entre Souk-El-Arba, Tabarka et La Calle, mais encore formant un point central autour duquel viendront forcément se grouper les diverses industries auxquelles les produits naturels des forêts et du sol de la Khroumirie pourront donner naissance.

A 6 kilomètres au nord d'Aïn-Draham, à peu de distance de la frontière algérienne, se trouve un endroit appelé Babouch, où s'élèvent le bordj servant de poste de douane, une maison forestière et quelques autres constructions sans importance. C'est là que la route se bifurque pour se diriger d'une part vers La Calle, située à 30 kilomètres environ, et d'autre part vers Tabarka, situé à 20 kilomètres. Cette route est la seule voie carrossable qui existe dans le pays et par laquelle se fait forcément tout le transit. Elle est régulièrement entretenue, assez bonne dans certaines parties, mais fort médiocre dans beaucoup d'autres endroits, où des réparations incessantes sont nécessaires.

Tabarka. — Situé à 28 kilomètres d'Aïn-Draham, le village de Tabarka est construit sur le bord de la mer, au pied de la montagne. L'aspect du site est des plus agréables, étant données la proximité des rivières, qui ont, non loin de là, leur embouchure, et la richesse de la végétation favorisée par la nature humide du sol. Vis-à-vis Tabarka, à environ 500 mètres, se voit l'île du même nom qu'un banc de rochers joignait autrefois à la côte et dont la présence permet aux petits navires de s'abriter entre elle et le rivage, comme dans un port naturel. Cette île n'est en somme qu'un grand rocher à peu près dépourvu de végétation, et sur lequel se voient les ruines d'anciennes fortifications, car Tabarka était autrefois un des principaux points de refuge des pirates barbaresques. De plus, l'île, qui fait partie du domaine militaire, a été pour ainsi dire inhabitée jusqu'à ce jour ; mais depuis le mois de février 1892, une colonie de pêcheurs bretons a commencé à réparer les anciennes habitations et semble vouloir s'y installer définitivement.

Le village de Tabarka ne date, à proprement parler, que de la conquête française ; il est entièrement européen. Les douars des Arabes se voient çà et là sur les montagnes avoisinantes ; l'emplacement de Tabarka leur servait déjà avant 1880, comme il leur sert encore maintenant, pour y tenir leur marché, qui a lieu le vendredi. Tabarka a dû être autrefois une assez grande ville, car les ruines romaines y abondent et quelques-unes subsistent encore, témoignage de constructions importantes. Sur une sorte de mamelon assez abrupt mais peu élevé, qui domine directement le village, se voient les restes d'une ancienne forteresse qui, avec les fortifications de l'île, devaient autrefois défendre absolument l'accès de Tabarka. C'est sur ce mamelon qu'on a construit, après l'expédition, les casernements des troupes (baraquements en bois).

Le village européen est constitué par des maisons de bois ou de pierre formant des rues assez régulières et bien alignées ; la plupart de ces constructions sont en maçonnerie et n'ont qu'un rez-de-chaussée. De plus, on voit sur le rivage même une assez grande quantité de baraquements en bois élevés par les pêcheurs siciliens, qui chaque année arrivent à Tarbaka et y séjournent pendant toute la belle saison au nombre de 2 ou 3000, pour y pêcher et y saler sur place les sardines, si abondantes dans ces parages. C'est là une des principales branches du commerce de Tabarka, et pendant tout l'été il y a toujours à l'ancre plusieurs navires, la plupart italiens, venus pour charger des sardines et du tanin.

La population fixe du village se compose de près de 250 habitants européens ; elle est un peu moins forte que celle d'Aïn-Draham.

Français.	27 familles	137 habitants
Italiens.	17 —	94 —
Espagnols. . . .	3 —	13 —
Maltais.	1 —	4 —
Total. . .	48 familles	248 habitants.

La population flottante est très variable selon les saisons, très nombreuse pendant les époques de la pêche de la sardine et des coupes des chênes-lièges pour l'exploitation de l'écorce à tan.

Aucun de ces colons ne fait de culture, à l'exception de deux ou trois qui ont essayé la plantation de la vigne ou le jardinage en grand. Les autres se bornent à cultiver leurs petits jardins et n'ont aucune industrie spéciale s'exerçant dans le village même. Le commerce local se réduit à quelques mercantis, débitants, boulangers et bouchers, etc., en un mot ce qui est strictement nécessaire à la population et à la garnison. Il y a pour les étrangers un hôtel confortable et valant mieux que la plupart des hôtels des petites localités de la Tunisie. Tabarka, étant en territoire militaire, n'a pas de municipalité et est gouverné par le commandant d'armes.

Le service des douanes, forêts, postes, instruction publique, etc., y est assuré par des agents civils du gouvernement Tunisien.

La garnison se compose d'une compagnie de zouaves tirée du bataillon d'Aïn-Draham et relevée chaque mois ou chaque deux mois. Autrefois les habitants de Tabarka n'avaient à leur usage que de l'eau de puits, et la garnison de l'eau de citerne. Actuellement on a amené l'eau d'une source située à 7 kilomètres 500 de Tabarka ; cette eau est d'excellente qualité et suffit amplement aux besoins de la population et de la troupe.

La résidence de Tabarka serait des plus agréables, en raison de la beauté du site, de la douceur du climat et de la fertilité du sol, qui donne des produits magnifiques quand on le cultive intelligemment, si cette résidence n'avait un inconvénient grave. Longtemps encore les Européens ne pourront se fixer comme ils voudraient à Tabarka, et ce poste ne sera véritablement habitable et appelé à un avenir sérieux que lorsqu'on aura, par des travaux appropriés, fait disparaître l'inconvénient dont nous allons parler. C'est la fièvre paludéenne, qui malheureusement est endémique à Tabarka, avec cette particularité que, si elle sévit toute l'année, elle se manifeste souvent plus volontiers et d'une manière plus grave pendant l'hiver, ce qui tient, comme nous allons le montrer, à la topographie même du poste.

La plupart des torrents de la montagne qui se déversent dans la plaine de Tabarka se réunissent à l'origine de cette plaine pour former un cours d'eau assez considérable appelé Oued-Kébir, qui, après avoir parcouru la plaine dans toute sa longueur, en décrivant beaucoup de sinuosités, va se jeter dans la mer à 500 mètres environ du village de Tabarka. Cet oued est large et profond ; il diffère de la plupart des cours d'eau de Tunisie en ce que ses rives, bien qu'escarpées en général, sont couvertes de roseaux et d'une riche végétation qui fait courir le fleuve entre deux haies d'épais buissons dominés par de grands arbres. Un autre cours d'eau de moindre importance, appelé l'Oued-Amor, arrose la partie gauche de la plaine et se jette dans la mer, entre le village et l'embouchure de l'Oued-Kébir ; mais actuellement, depuis les travaux récents qui ont comblé l'embouchure de l'Oued-Amor, les eaux de ce ruisseau vont se déverser dans l'Oued-Kébir, près de son embouchure. Cet oued est remarquable par les magnifiques lauriers-roses qui couvrent ses rives. Il existe encore un troisième cours d'eau assez peu important, qui prend naissance dans les montagnes situées à droite de la plaine, à l'endroit où ces montagnes commencent à se confondre avec les grandes dunes de sable. Ce cours d'eau peu profond et dont les bords sont très marécageux coule directement au pied des dunes et les longe jusqu'au moment où il se jette dans l'Oued-Kébir, non loin de son embouchure. Dans toute la partie basse de la plaine de Tabarka, on voit serpenter, en outre, plusieurs petits ruisseaux qui finissent tous par aboutir dans l'Oued-Kébir. En résumé, c'est l'Oued-Kébir qui, par son embouchure, assure l'écoulement des eaux de toute la plaine.

Le terrain qui s'étend entre la mer et les dernières maisons du village, est occupé par une sorte de marais ou lagune d'environ 300 mètres de long sur 100 de large. Ce marais, si proche des habitations, se déverse dans un canal central qui aboutit dans l'Oued-Kébir. Il est circonscrit, du côté de la mer, par des dunes de sable assez élevées, et du côté de Tabarka, par une bande de terrain le séparant des dernières maisons, puis par le talus de la route qui mène à Aïn-Draham. Actuellement, ce marais est en partie comblé par les dunes de sable qu'on y a jetées. Or, par suite d'une disposition particulière, la mer tend sans cesse à former une barre de sable qui obstrue complètement l'embouchure de l'Oued-Kébir. Cette barre commence à se former au printemps, dès que, le débit des torrents étant diminué, le cours de l'Oued-Kébir devient moins impétueux. Il en résulte qu'à la belle saison l'embouchure du fleuve est absolument barrée et remplacée par une bande de sable d'une grande épaisseur et d'une largeur allant jusqu'à 50 mètres, sur laquelle peuvent circuler les chevaux et les voitures.

Dès lors, n'ayant plus d'écoulement, l'eau du fleuve devient stagnante, et, comme pendant tout l'été les torrents de la montagne, bien que donnant beaucoup moins d'eau qu'en hiver, ne cessent cependant pas de couler, l'oued se remplit complètement; les cours d'eau secondaires et le petit marais qui est près du village, n'ayant plus d'écoulement, voient également monter leur niveau d'eau.

Telle est la situation à la fin de chaque automne; or, certaines années surtout, il y a, dès le mois d'octobre, des périodes de pluie excessivement abondantes dans la montagne. A ce moment, la plaine de Tabarka s'inonde rapidement par le débordement de l'Oued-Kébir, et le cours de ce fleuve devient tellement impétueux qu'il détruit la barre de sable et reprend son libre écoulement dans la mer. Il s'ensuit que, la pluie ayant cessé, le niveau des eaux baisse d'une manière très sensible dans tous les marécages et les cours d'eau de la plaine ; et, comme ces premières périodes de pluie sont séparées par des périodes de beau temps pendant lesquelles, même en décembre, la température est encore très chaude, il s'ensuit que le soleil, frappant sur des marais et des terrains marécageux dont l'eau s'est retirée, provoque une abondante production de miasmes.

Puis, si la période de beau temps est assez longue, la barre se reforme rapidement, au moins en partie, d'où hausse de l'eau dans les marais ; nouvelles pluies dans la montagne, suivies d'une nouvelle baisse des eaux, et ainsi de suite jusqu'au mois de janvier, époque à laquelle les pluies étant presque permanentes, l'écoulement de l'Oued-Kébir ne permet plus à la barre de se former.

De cet état de hausse et de baisse alternatives des marais, qui a lieu d'octobre en janvier, il résulte pour Tabarka cette conséquence que le séjour dans cette localité est bien plus dangereux, au point de vue de la fièvre palustre, au commencement de l'hiver qu'en tout autre saison. Et les années où les périodes alternantes de pluies et de beau temps seront plus précoces et plus nettement marquées, seront aussi les années où la fièvre exercera le plus de ravages. L'année 1888, par exemple, a été particulièrement néfaste à ce point de vue ; la population civile et la garnison ont été littéralement décimées en novembre et en décembre. Dans une seule compagnie de zouaves, huit hommes sont morts en un mois au premier accès de fièvre pernicieuse, et les 2|3 des autres hommes étaient plus ou moins atteints de la fièvre. Aussi a-t-on dû évacuer provisoirement le poste en janvier 1889, pour ne le réoccuper qu'au mois de mai suivant.

On a dernièrement fait des travaux dans le but d'assainir Tabarka, tout au moins partiellement; on a comblé, avec le sable des dunes, la lagune marécageuse dont nous avons parlé plus haut qui touchait aux dernières maisons du village et s'étendait le long de la route d'Aïn-Draham. Assurément c'est là une excellente amélioration, qui a déjà diminué, dans une forte proportion, le nombre des cas de fièvre palustre. Mais cela ne suffit pas, et d'autres travaux sont nécessaires. Tant qu'ils ne seront pas exécutés, la fièvre palustre sévira au moins à l'automne. Il faudrait avant tout assurer le libre écoulement de l'Oued-Kébir et empêcher la formation de la barre qui vient ensabler l'embouchure du fleuve. Une fois ce travail fait et le libre écoulement des eaux assuré en toutes saisons, rien ne serait plus facile que d'assainir Tabarka et les parties avoisinantes de la plaine avec des travaux de drainage, et des plantations que le service des forêts vient de commencer avec succès.

Ce résultat obtenu, on pourra certainement habiter le village sans y courir le moindre risque pour sa santé.

Si la fièvre paludéenne peut inspirer des craintes dans la partie basse de la plaine de Tabarka, il n'en est heureusement plus de même pour la partie haute de cette plaine, qui, aux abords de la montagne, peut être habitée et cultivée sans que les colons soient jamais éprouvés par la fièvre. Les terres arables y sont excellentes, les indigènes avec leurs procédés rudimentaires de culture en tirent de bonnes moissons en orge, blé et sorgho ; aussi, en cet endroit, obtiendrait-on les meilleurs résultats en appliquant à la culture et au jardinage, même pour la culture des primeurs, les procédés européens. L'élevage du bétail et la création de prairies artificielles y seraient aussi d'autant plus faciles que l'eau se trouve en grande abondance sur tout ce territoire, et que rien ne serait plus aisé que d'irriguer un grand nombre de champs. Les torrents de la montagne qui y aboutissent ne sont en effet jamais tous à sec, même en été.

C'est donc en cet endroit de la plaine que le colon, fermier ou agriculteur, pourrait le plus avantageusement s'établir. La proximité de la route rend toute relation facile avec Aïn-Draham ou Tabarka. La seule chose pouvant gêner l'établissement des colons est que toutes les terres sont, en ce lieu, entre les mains des Arabes, qui, en connaissant la valeur, refuseraient peut-être de s'en dessaisir, même à un prix élevé.

Lorsque le port projeté à Tabarka aura été construit et l'assainissement des environs terminé, cette localité prendra sans doute une importance considérable, car, outre l'augmentation du mouvement commercial résultant du progrès de l'exploitation agricole et de la plantation de la vigne, le commerce du tanin et surtout du liège et l'exploitation des mines reconnues non loin de Tabarka feront de cette localité le centre le plus important de toute la région.

Colonisation tunisienne. — Nous croyons devoir, avant de terminer ce chapitre, ajouter quelques mots sur la colonisation tunisienne telle qu'elle est actuellement pratiquée dans le nord de la Régence. En général, on peut dire tout d'abord que le nombre des vrais colons, principalement cultivateurs ou éleveurs, est encore très restreint. Les industriels sont également en petit nombre. Et encore, parmi tous ces Européens établis en Tunisie, l'élément français est-il très faible, comparé à l'élément italien ou maltais. Les principaux essais de colonisation ont été et sont encore effectués par des sociétés ou des individus pouvant disposer de gros capitaux et qui ont placé leurs exploitations dans les environs de Tunis ou dans des localités peu éloignées de cette ville. Presque tous ces colons se bornent à la culture de la vigne ; quelques-uns cependant ont choisi la culture des céréales et l'élevage du bétail; mais ce sont, la plupart du temps, de simples particuliers ne possédant pas la fortune nécessaire pour faire grandement les choses.

Actuellement, la vigne est pour ainsi dire la seule culture du colon français, qui, disposant de capitaux suffisants, peut attendre les 4 ou 5 années nécessaires avant d'obtenir de son exploitation des résultats rémunérateurs. A partir de ce moment, la culture de la vigne devient très productive et compense largement la pénurie des premières années qui suivent la plantation, d'autant plus que, jusqu'à présent, le phylloxéra n'est pas encore venu exercer ses ravages dans les vignobles tunisiens. Les vins tunisiens sont bons, et on peut dire que, malgré les procédés encore peu perfectionnés employés pour les obtenir, ils peuvent rivaliser avec les vins de France et se sont assez bien vendus jusqu'à présent. S'ils ont éprouvé depuis 2 ou 3 ans une dépréciation quelconque, cela tient à ce que l'on a vendu sous le nom de vins de Tunisie des produits de Sicile ; nous devons ajouter aussi que le commerce livre quelquefois des vins de 2° et 3ᵉ cuvée mélangés avec des vins de provenance exotique. Il ne nous appartient pas de nous étendre plus longuement sur ce sujet, mais cette question des vins tunisiens mériterait, au point de vue scientifique, comme au point de vue pratique et commercial, d'être sérieusement étudiée.

Il serait à souhaiter qu'un travail complet d'analyse fût fait des divers crus tunisiens. Cela constituerait un criterium certain pour les appréciations, et empêcherait bien des conflits et faciliterait le travail des chimistes-experts, chaque fois qu'ils auraient un vin à analyser; les fraudes seraient ainsi rendues plus difficiles.

En général, la fabrication du vin semble laisser un peu à désirer en Tunisie, surtout dans les grandes exploitations vinicoles où on fait de vastes cuvées par les températures élevées d'août et de septembre. Il y a là une question d'installation et de fabrication à étudier, afin d'obvier aux inconvénients qui résultent de l'élévation de la température au moment de la récolte.

Les céréales sont cultivées par les colons européens dans les environs des villes, et surtout dans la vallée de la Medjerdah. La plupart des cultivateurs emploient à peu près exclusivement la méthode arabe, qui, si elle est moins productive que nos procédés perfectionnés, revient, en revanche, à bien meilleur marché. Les rendements seraient évidemment supérieurs avec les moyens modernes, si au-dessus de la routine indigène. Le peu de capitaux dont disposent les colons-cultivateurs les empêche d'obtenir du sol tout ce qu'on en tirerait avec une exploitation mieux entendue.

Les plantes fourragères, qui réussiraient si bien partout où l'eau est abondante, ne sont presque pas cultivées. Il y aurait pourtant là une belle source de revenus, étant donné le grand nombre des bestiaux et des chevaux dans le pays.

A part quelques maraîchers qui ont d'importants jardins aux

environs de Tunis, les colons ne cultivent, en général, les plantes potagères que pour fournir à leurs propres besoins. Il est du reste à craindre que cette sorte de culture ne se développe pas encore de longtemps, car l'impôt Mahsoulat pèse d'une manière trop lourde sur la vente des légumes (25 pour 100).

Jusqu'à présent les arbres fruitiers, à quelques exceptions près, n'ont été guère cultivés par les colons. Leur culture rationnelle demande, du reste, des connaissances que peu d'entre eux possèdent. D'un autre côté, les arbres fruitiers, tout en demandant beaucoup de soins, ne rapportent qu'après plusieurs années. Avec une culture entendue, la qualité des fruits vendus sur le marché de Tunis serait bientôt améliorée. Quelques particuliers ont, en effet, obtenu dans leurs jardins des produits pouvant rivaliser avec les meilleurs fruits de France.

L'élevage des bestiaux se fait en quelques endroits, mais dans de trop petites proportions. Les moutons ne sont guère élevés que par les indigènes, et on ne pratique l'élevage du porc qu'en certains points de la région montagneuse où les chênes fournissent une alimentation abondante et à très bas prix, ce qui permet aux quelques Européens, qui seuls pratiquent ce mode d'élevage, d'en retirer des bénéfices appréciables. Un inconvénient existe ici, c'est que la récolte des glands de chêne-liège manque en général une année sur deux.

Pour en revenir à l'élevage du bétail, qui, effectué dans de bonnes conditions, serait une source importante de revenus, nous dirons tout d'abord que les quelques colons qui s'en occupent le font d'une manière peu rationnelle, en imitant en ce point les indigènes. Aucune sélection n'est faite pour les accouplements, et les soins donnés aux bestiaux, au point de vue de la nourriture et de l'abri, laissent fort à désirer. Les veaux ne se développent que tardivement et restent longtemps petits et malingres, car beaucoup de colons, comme les Arabes, cherchent avant tout à vendre le plus possible le lait de leurs vaches, et ne laissent téter les veaux que d'une manière très insuffisante.

Cependant, étant donnée l'augmentation du prix de la viande de boucherie en ces dernières années, on aurait tout intérêt à fournir des animaux gras et bien nourris à la consommation. Ce résultat serait facile à obtenir et tout le monde y gagnerait.

Les vaches laitières sont, en général, peu nombreuses et, vu l'absence presque totale de culture fourragère, elles ne donnent, la plupart du temps, qu'un lait peu riche et peu abondant. On a importé quelques vaches siciliennes de Pantellaria qui paraissen bien supporter le climat et donner un lait plus abondant.

L'élevage du cheval n'a été essayé qu'à Sidi-Tabet; ce domaine a fourni quelques anglo-arabes assez bons. L'Etat encourage du reste, dans certaines régions du pays, cet élevage du cheval, en envoyant, chaque année, un certain nombre d'étalons pour le moment de la monte. Cela se fait notamment aux environs du Kef et dans la plaine du Serse.

La colonisation française en Tunisie étant presque tout entière entre les mains de colons ou de sociétés possédant de gros capitaux, il serait, croyons-nous, utile de favoriser le développement de la petite colonisation, car les colons peu fortunés, dès qu'ils seront assurés de trouver en Tunisie conseils et appui, viendront en grande quantité.

La petite culture, la culture maraîchère, et les petites industries qui en dépendent, tels que la fabrication du beurre et du fromage, l'élevage des volailles, etc..., prendront ainsi une extension des plus favorables pour l'intérêt de tous.

Le service de colonisation est à ce point de vue encore peu avancé en Tunisie, car il n'existe qu'une Direction des Renseignements rattachée à la Direction des Contrôles civils et de l'Agriculture. Il est certain que, malgré les services rendus et la bonne volonté, cette organisation est insuffisante et devrait être plus étendue ; il faudrait qu'à cette Direction on pût attacher des agents spéciaux de colonisation, connaissant très bien le pays et pouvant donner sur chaque région les indications spéciales pour les assolements, le climat, les modes de plantation, les cultures les plus favorables, etc., en un mot capables de renseigner le colon à son arrivée, de manière à lui éviter les mécomptes et les déboires trop fréquents, lorsqu'on s'établit dans une région qu'on ne connaît que très imparfaitement.

Il serait bon aussi de créer des champs d'expériences sur plusieurs points du territoire (1) ; au plus important situé à Tunis

(1) Nous apprenons que le Gouvernement tunisien est entré dans cette voie. Les terrains sont acquis et les travaux de défrichement vont commencer cette année.

serait annexé un laboratoire agricole spécial. On étudierait là toutes les questions d'agriculture ou d'horticulture spéciales à la Tunisie, et on le ferait d'une manière scientifique et pratique tout à la fois. De cette façon, la pratique unie à la théorie produiraient d'excellents résultats. Les champs d'expériences secondaires pourraient être au nombre de 4 ou 5 et placés dans les régions agricoles les plus importantes ; ils seraient dirigés par un agent de colonisation, et là les colons trouveraient tous les renseignements sur les plantations et les procédés de culture donnant les meilleurs résultats dans la région qu'ils auraient choisie pour s'y fixer.

Çe service organisé de la sorte donnerait certainement et rapidement de bons résultats et serait des plus utiles pour accélérer la colonisation européenne et surtout française de la Régence, où les colons n'arriveraient plus en terre inconnue et ne seraient plus exposés à dissiper en tâtonnements et en essais infructueux les quelques fonds dont ils peuvent disposer. La différence des climats de France et de Tunisie a causé, en effet, bien des déboires aux colons, qui, ignorant les particularités de la culture tunisienne, ont voulu, à leur arrivée, procéder exactement comme en France.

L'argent que l'Etat serait obligé de dépenser ainsi lui rentrerait bientôt sous forme d'impôts, car ceux-ci provenant en grande partie de l'Agriculture rendraient davantage lorsque cette source de revenus serait en voie de prospérité et d'accroissement. Plus le sol produira et plus il y aura de revenus. Il serait donc dans l'intérêt de l'État tunisien de faire les sacrifices pécuniaires nécessaires à cette œuvre, de faire en même temps appel aux colons français, auxquels on faciliterait l'achat des terrains. Les impôts Mahsoulat devraient aussi, sur certains points, être diminués, du moins momentanément, pour faciliter les transactions. Une excellente chose serait l'installation de quelques lignes de chemin de fer Decauville qui, établies rapidement et relativement à peu de frais, réuniraient divers centres agricoles des plus importants à Tunis ou aux ports les plus proches. De cette manière, la colonisation prendrait bientôt une importance qu'elle n'a pas connue jusqu'ici et les colons français viendraient, en grand nombre, peupler et féconder les régions agricoles si riches et si productives du nord et du centre du pays.

CONCLUSION.

Nous résumerons notre travail en quelques mots en disant que la Khroumirie, seule région vraiment forestière et montagneuse de la Tunisie, offre au touriste des sites d'un aspect spécial et grandiose, et que, de plus, ce pays encore imparfaitement connu renferme des ressources importantes dont une partie seulement a été jusqu'ici utilisée.

Les quelques sondages pratiqués et plusieurs mines déjà prospères aux environs montrent que les montagnes khroumires renferment, au point de vue minier, des richesses véritables. De plus, l'exploitation forestière des chênes-lièges et toutes les industries qui en dérivent ouvrent une large voie à l'initiative individuelle et créent une source de revenus considérables.

La Khroumirie, en outre, a un climat tout à fait particulier, se rapprochant beaucoup du climat de la France, et présente ainsi, outre la fertilité d'un sol où l'eau abonde, des conditions particulières de salubrité au colon. Celui-ci pourra, sans grande mise de fonds, soit se livrer à l'agriculture ou à l'horticulture, qui donneront, surtout aux abords des plaines, des résultats aussi sûrs qu'excellents, soit, dans la montagne, pratiquer l'élevage à peu de frais et dans de très bonnes conditions.

Ajoutons encore qu'Aïn-Draham peut être considéré comme un endroit parfaitement capable de servir de Sanitarium pendant l'été, et où les convalescents éprouvés par le climat se trouveraient dans des conditions climatériques tout à fait favorables à leur rétablissement. On pourrait ainsi éviter bien des voyages en France et recouvrer la santé par un séjour de quelques mois dans ce poste.

En somme, on pourra, dans l'avenir, tirer un très bon parti de cette région khroumire, si différente du reste de la Tunisie, en sachant utiliser d'une manière pratique et intelligente les ressources spéciales qu'elle présente et dont la plupart, jusqu'à présent, n'ont pas encore été exploitées, parce qu'elles étaient imparfaitement connues.

FIN.

TABLE DES MATIÈRES

DEUXIÈME PARTIE.

POITIERS. — TYPOGRAPHIE OUDIN ET Cie.

www.ingramcontent.com/pod-product-compliance
Ingram Content Group UK Ltd.
Pitfield, Milton Keynes, MK11 3LW, UK
UKHW020251250726
13967UKWH00004B/1618

9 782013 027762